# Пекол

Д-р Церок Ли

**1** Крвта што истекува од многуте неспасени души кои што се ужасно измачувани, образува широка истечна река.

**2** Одвратно грозните гласници на пеколот го имаат ликот на луѓето или пак наликуваат на разните одвратни и нечисти животни.

**3** На бреговите на реката од крв има многу деца во маки кои што имаат од 6 години па сѐ до возраста пред пубертетот. Во согласност со тежината на нивните гревови, нивните тела се закопувани длабоко во калта и поблиску до реката од крв.

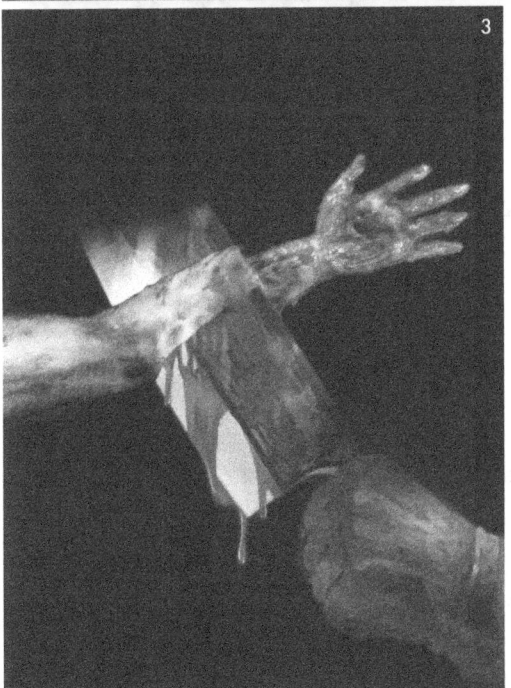

**1** Смрдливата бара од отпадните води која што е исполнета со безбројните морничави инсекти а тие инсекти им ги нагризуваат телата на душите заробени во барата. Инсектите им ги продупчуваат нивните тела низ нивните стомаци.

**2,3** Од мал бодеж до секира, одвратно грдиот налик на свиња гласник на пеколот, ја припрема широката лепеза на алатките за измачување. Гласникот на пеколот го сече на парчиња телото на душата која што е врзана за дрвото.

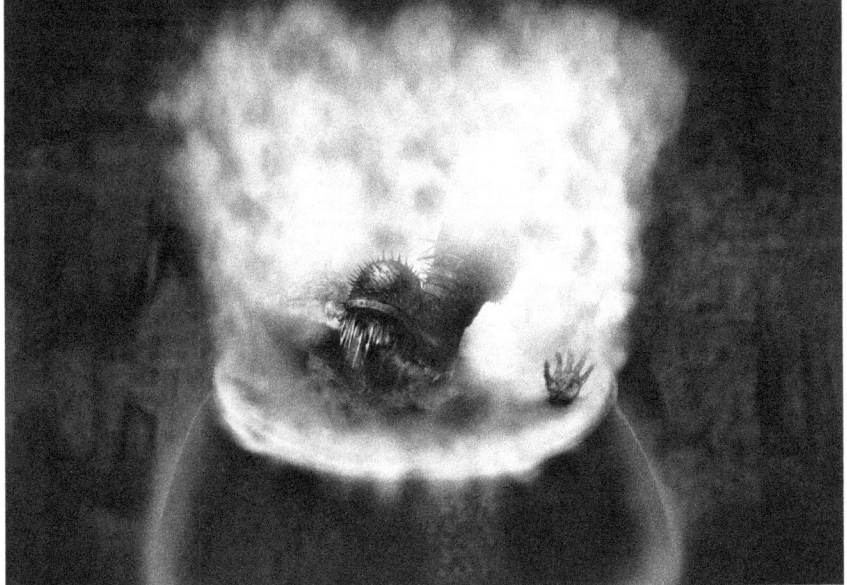

Усвитениот сад кој што гори е исполнет со ужасната смрдеа и жестоко зовриената течност. Проколнатите души кои што биле маж и жена се потопуваат во садот еден по еден. Додека едната душа е измачувана, другата моли да казнувањето на брачниот партнер трае што подолго.

Со устите широко отворени и покажувајќи ги острите заби, безбројните ситни инсекти ги прогонуваат душите кои што се искачуваат по гребенот. Ужаснатите души за момент се прекриваат со инсектите и паѓаат на тлото.

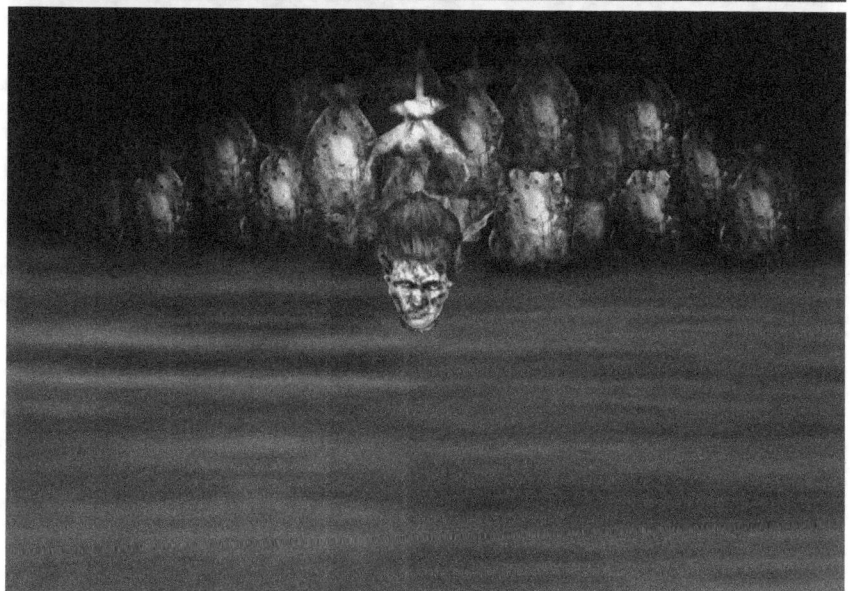

Безбројните ужасни црни глави на оние кои што го следеле него, кој што му се спротивставувал на Бога, полни со омраза го касаат целото тело на бунтовникот со нивните остри заби. Измачувањето е дури поголемо од тоа да се биде касан од инсектите или пак распарчуван од ѕверовите.

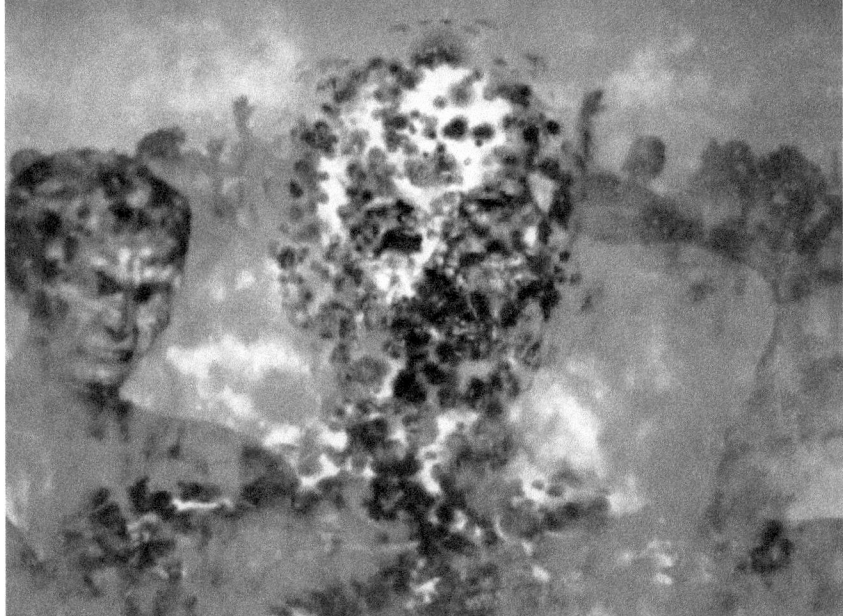

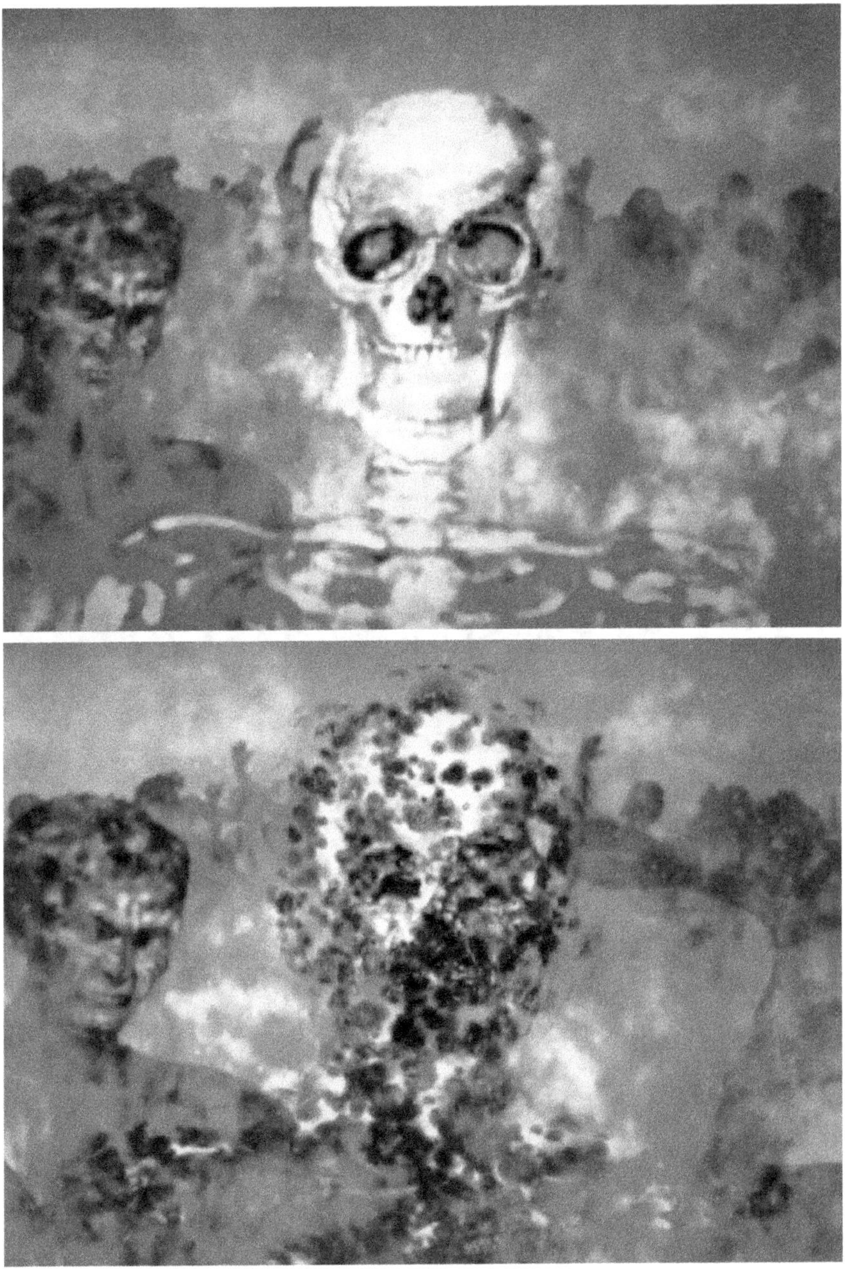

Душите кои што се фрлени во огненото езеро скокаат од болка и силно врескаат. Нивните сјајни очи стануваат застрашувачки закрвавени а нивните мозоци потоа им експлодираат и течноста насекаде се излева.

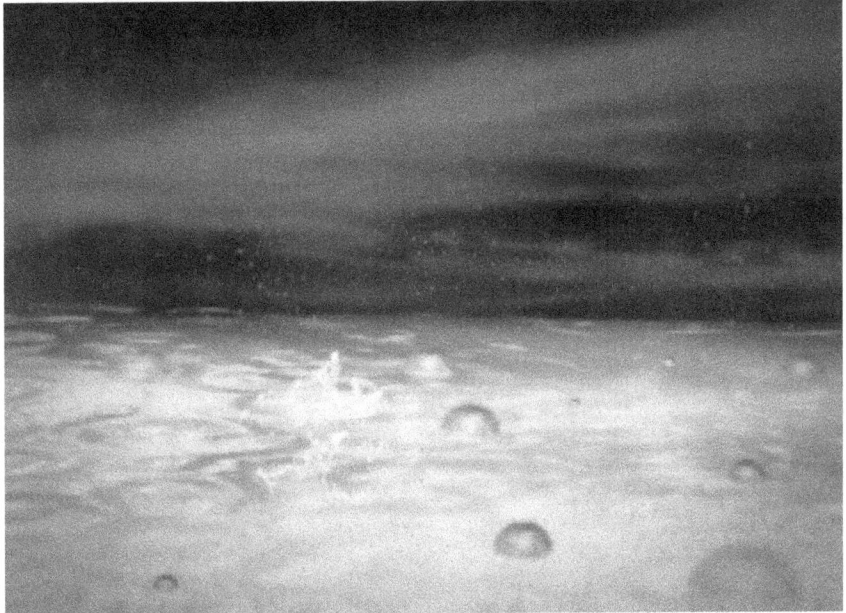

Претпоставете си дека некој мора да ја испие течноста која што е како истопеното железо во високата печка и како неговите внатрешни органи ќе бидат согорени. Душите кои што се фрлени во езерото со сулфурот што гори не можат да лелекаат, ниту да размислуваат, туку се само обземени со болка.

„Умре сиромавиот и ангелите го однесоа
во крилото Авраамово; умре и богатиот и го погребаа.
И во Адот, кога беше во маки,
тој ги подигна очите свои и го виде оддалеку Авраама
и Лазара во крилото негово.
И откако извикна, кажа,
'Оче Аврааме, смилуј се на мене и испрати го Лазара
да го накваси својот прст во водата и да ми го разлади јазикот,
бидејќи сум во агонија од овој пламен.'
Но Авраам кажа, Синко, сети се дека ти си
го добил своето добро уште додека беше жив, а Лазар злото;
сега пак, тој се утешува, а ти си во агонија.
Освен тоа, меѓу вас и нас постои една голема провалија,
така што оние, кои што би сакале да дојдат кај вас, не можат;
а исто така и тие оттаму не можат да дојдат кај нас.
А тој пак рече, 'Тогаш те молам оче,
испрати го во татковата ми куќа,
зашто имам петмина браќа, та да им посведочи,
за да не дојдат и тие во ова место на маките!'
Авраам му кажа,
'Тие го имаат Мојсеја и Пророците; нив нека ги чујат!'
А тој кажа, 'Не, оче Аврааме,
ако некој од мртвите отиде кај нив, тогаш ќе се покајат!'
Авраам му кажа, 'Штом Мојсеја и Пророците не ги слушаат,
тогаш и да воскресне некој од мртвите,
тие нема да му поверуваат.'"

―――

Лука 16: 22-31

# Пекол

*[Во пеколот] каде што нивниот црв не гине,*
*и огнот не изгаснува.*
*Зашто секој со оган ќе се посоли.*
(Марко 9:48-49)

# Пекол

Д-р Церок Ли

Пекол од д-р Церок Ли
Објавена од страна на Урим Книги (Претставник: Kyungtae Noh)
73, Yeouidaebang-ro 22-gil, Dongjak-gu, Сеул, Кореја
www.urimbooks.com

Сите права се задржани. Оваа книга или делови од истата не смеат да бидат копирани, умножувани или преснимувани во било која форма, или со било какви средства, електронски, механички, фотокопирање, снимање или на друг начин без претходно добиена писмена дозвола од издавачот.

Авторско право © 2017од д-р Церок Ли
ISBN: 979-11-263-0226-0   03230
Авторски права на превод © 2012 од д-р Естер К. Чунг.
Користени со дозвола.

Претходно објавено на Кореански од страна на Урим Книги во 2002

**Прво Издание март 2017**

Уредено од страна на Др. Геумсун Вин
Дизајнирано од страна на Уредувачкото Биро на Урим Книги
Отпечатено од страна на Јевон Компанија за Печатење
За повеќе информации ве молиме контактриајте ги: urimbook@hotmail.com

# Предговор

Со надеж дека оваа книга ќе послужи како животна храна што ќе одведе безброј души кон прекрасните небеса дозволувајќи им да ја сфатат љубовта на Бога кој што сака сите луѓе да го примат спасението...

Денес, кога луѓето ќе слушнат за небесата и за Пеколот, повеќето од нив реагираат негативно, велејќи, „Како да верувам во такви нешта во ова време на научна цивилизација?" „Сте биле ли некогаш на небесата или во Пеколот?" или „Дознавате за нив само откако ќе умрете."
Вие мора однапред да знаете дека постои живот по смртта. Предоцна е да го дознаете тоа при испуштањето на вашиот последен здив. По испуштањето на последниот здив на овој свет вие никогаш нема да имате друга можност повторно да го живеете животот. Ве очекува само Божјиот

Суд преку кој што вие ќе го пожнеете она што сте го посеале на овој свет.

Преку Библијата, Бог веќе ни го има откриено патот на спасението, постоењето на небесата и на Пеколот и судењето што ќе се случи во согласност со Словото Божјо. Тој ги прикажал извонредните дела на Неговата сила преку многуте пророци од Стариот Завет и преку Исуса.

Дури и денес, Бог ви покажува дека Тој е жив и дека Библијата е вистинита преку прикажувањето на чуда, знаци и други извонредни дела на Неговата сила запишани во Библијата преку Неговите најверни и најпосветени слуги. И покрај изобилните докази за Неговите дела, сепак постојат неверници. Па така, Бог им ги покажа на Неговите чеда Небесата и Пеколот и ги охрабри да посведочат за тоа што го видоа, насекаде низ светот.

Богот на љубовта исто така мене ми ги прикажа небесата и Пеколот сé до најситен детал и ми наложи да ја раширам пораката низ целата планета, бидејќи Второто Доаѓање Христово е многу блиску.

Кога ги пренесував пораките за тажните и одбивни гледки во Долниот Гроб, што му припаѓа на Пеколот, го гледав мнозинството на верниците од мојата црква како треперат од вознемиреност и како пролеваат солзи за душите кои што западнале во страшните и сурови измачувања во Долниот Гроб.

Неспасените души престојуваат во Долниот Гроб само до Судењето на Големиот Бел Престол. По Судењето, неспасените души ќе паднат или во огненото езеро или во езерото со сулфурот што гори. Казнувањата во огненото езеро или во езерото со сулфурот што гори се многу пожестоки отколку казнувањата во Долниот Гроб.

Го пишувам она што Бог ми го прикажа преку делата на Светиот Дух, базирано на Словото Божјо во Библијата. Оваа книга може да се нарече порака на искрена љубов од нашиот Бог Отецот кој што сака да спаси колку што е можно повеќе луѓе од гревот, со тоа што однапред ќе им укаже на бескрајните страдања во Пеколот.

Бог допуштил Неговиот сопствен Син да умре на крстот за да го спаси сето човештво. Тој исто така сака да спречи дури и една душа да падне во мизерниот Пекол. Бог ја смета дури и една единствена душа за повредна од целиот свет и затоа Тој е особено одушевен и задоволен и прославува заедно со небесните сили и ангелите, кога некој ќе биде спасен во верата.

Му ја оддавам сета слава и благодарност на Бога кој што ме поведе кон објавувањето на оваа книга. Се надевам дека вие ќе успеете да го осознаете срцето Божјо кое што не сака да изгуби ниту една душа во Пеколот и дека ќе се стекнете со вистинска вера. Дополнително, ве повикувам трудољубиво да им го ширите евангелието на сите оние души кои што итаат кон Пеколот.

Исто така им се заблагодарувам на Урим Книги и на персоналот, вклучувајќи го Геумсун Вин, Директорот на уредничкото биро. Се надевам дека сите читатели ќе го сватат фактот дека навистина постои вечниот живот по смртта и Судот и дека ќе го примат совршеното спасение.

Церок Ли

# Вовед

Молејќи се безбројните души да ја разберат мизеријата на Пеколот, да се покајат, да се оттргнат од патот на смртта и да бидат спасени...

Светиот Дух го инспирира д-р Џерок Ли, Главниот Свештеник на Манмин Централната Црква да го осознае животот по смртта и мизерниот Пекол. Ние ги составивме неговите пораки и денес го објавуваме *Пекол* за да можат безброј луѓе, со јасност и точност да го согледаат Пеколот. Му ја оддавам сета слава и благодарност на Бога.

Денеска многу луѓе се љубопитни во врска со животот по смртта, но невозможно е да се здобиеме со некакви одговори, поради нашите ограничени способности. Оваа книга претставува јасна и сеопфатна претстава за Пеколот, кој што ни е делумно откриен во Библијата. Пекол се состои од девет глави.

Глава 1 „Постојат Ли Навистина Небесата И Пеколот?" ја портретира севкупната структура на небесата и на Пеколот. Преку параболата за богатиот и просјакот Лазар во Лука 16, се објаснети Горниот Гроб – каде што чекаат спасените души од времето на Стариот Завет – и Долниот Гроб – каде што неспасените души се измачувани сé до Големиот Суд.

Во глава 2 „Патот На Спасението За Оние Кои Што Никогаш Не Го Слушнале Евангелието," се разгледува судот на совеста. Исто така се опишани специфичните критериуми на судот за многу случаи: неродените фетуси од абортус или пометнување, деца од раѓање до пет годишна возраст и деца од шест години до предтинејџерски години.

Глава 3 „Долниот Гроб И Идентитетот На Гласниците На Пеколот," елаборира за местото за чекање во Долниот Гроб. Луѓето по смртта, престојуваат во местото за чекање во Долниот Гроб, во текот на три дена, а потоа според тежината на нивните гревови се праќаат на различни места во Долниот Гроб и свирепо се измачувани, сé до судот на Големиот Бел Престол. Идентитетот на злите духови кои што управуваат со Долниот Гроб е исто така објаснет.

Глава 4 „Казните Во Долниот Гроб На Неспасените Деца"

ни посведочува дека дури и некои незрели деца кои што не се способни да го разликуваат правилното од погрешното, нема да го примат спасението. Различните видови на казни кои што се применуваат врз децата се категоризирани според возрасната група: казните врз фетусите и доенчињата, бебињата до три годишна возраст, децата на возраст од три до пет години и децата од шест до дванаесет години.

Глава 5 „Казните За Луѓето Кои Што Умираат По Пубертетот" ни ги објаснува казните кои што се применуваат врз луѓето постари од адолесценти. Казните за секој човек постар од тринаесет години се поделени на четири нивоа, во согласност со тежината на нивните гревови. Колку што им се потешки гревовите на луѓето толку поголема казна ќе добијат.

Глава 6 „Казните За Хулењето Кон Светиот Дух," ги потсетува читателите дека, како што е напишано во Библијата, постојат некои одредени непростливи гревови, за кои што не можете да се покаете. Главата исто така ни ги опишува различните видови на казни, низ деталните примери.

Глава 7 „Спасението Во Текот На Големите Страдања" нé предупредува дека живееме на крајот на времето и дека враќањето на Господа е многу блиску. Оваа глава во детали ни објаснува за тоа што ќе се случи во времето на Доаѓањето Христово, и дека луѓето кои што се оставени на земјата во текот на Големите Страдања, ќе можат да се здобијат со спасение, единствено преку маченништвото. Исто така, ве повикува да се подготвувате себеси како убавите невести на Господа Исуса Христа, за да можете да учествувате во Седумгодишната Свадбена Веселба и да го избегнете останувањето на земјата, по Воздигнувањето во воздухот.

Глава 8 „Казнувањето Во Пеколот По Големиот Суд" ни го објаснува судот на крајот на Милениумот, за тоа како неспасените души од Долниот Гроб ќе бидат пренесени во Пеколот, различните видови на казни на кои што ќе бидат подложени, за судбината на злите духови како и за нивните казни.

Глава 9 „Зошто Богот На Љубовта Морал Да Го Подготви Пеколот?" ни ја објаснува Божјата изобилна и прекумерна љубов, која што ни беше прикажана преку жртвувањето на Неговиот еден и единствен Син. Последната глава детално ни објаснува зошто овој Бог на Љубовта морал да го создаде пеколот.

*Пекол* исто така ве охрабрува да ја сватите љубовта на Бога кој што сака сите души да го примат спасението и да останат будни во верата. *Пекол* завршува на тој начин што ве повикува да поведете колку што е можно повеќе души по патот на спасението.

Бог е полн со милосрдие и сочувство и е љубовта сама по себе. Денеска, со татковското срце кое што го очекува враќањето на неговиот бунтовен син, Бог искрено очекува сите изгубени души да се ослободат од гревовите и да го примат спасението.

Затоа јас силно се надевам, дека безброј души низ светот ќе разберат и сфатат дека овој мизерен Пекол навистина постои и наскоро ќе му се вратат на Бога. Исто така се молам во името на Исуса Христа, да сите верници во Господа, се дочуваат себеси будни и трезвени и да поведат колку што е можно повеќе луѓе на небесата.

Геумсун Вин
Директор на Уредничкото Биро

## Содржина

Предговор

Вовед

*Глава 1 –*

**Постојат Ли Навистина Небесата И Пеколот? • 1**

1. Небесата И Пеколот Сигурно Постојат
2. Параболата За Богатиот И Просјакот Лазар
3. Структурата На Небесата И На Пеколот
4. Горниот Гроб И Рајот
5. Долниот Гроб, Местото За Чекање На Патот Кон Пеколот

*Глава 2 –*

**Оние Кои Што Никогаш Не Го Слушнале Евангелието • 27**

1. Суд На Совеста
2. Неродени Бебиња Од Абортус Или Пометнување
3. Деца Од Раѓање До Петгодишна Возраст
4. Деца Од Шестгодишна Возраст До Предтинејџерски Години
5. Дали Беа Спасени Адам И Ева?
6. Што Се Случи Со Првиот Убиец Каин?

Глава 3 –

### Долниот Гроб И Идентитетот На Гласниците На Пеколот • 65

1. Гласниците На Пеколот Ги Водат Луѓето Во Долниот Гроб
2. Местото За Чекање Во Светот На Злите Духови
3. Различни Казни За Различни Гревови Во Долниот Гроб
4. Луцифер Е Одговорен За Долниот Гроб
5. Идентитетот На Гласниците На Пеколот

Глава 4 –

### Казните Во Долниот Гроб На Неспасените Деца • 85

1. Фетуси И Доенчиња
2. Малите Деца Кои Што Проодуваат
3. Децата Доволно Возрасни Да Чекорат И Да Зборуваат
4. Деца Од Шест До Дванаесет Години
5. Младите Кои Што Му Се Потсмевале На Пророкот Јелисеј

Глава 5 –

**Казни За Луѓето Кои Што Умираат По Пубертетот • 105**

1. Првото Ниво На Казнување
2. Второто Ниво На Казнување
3. Казнувањето На Фараонот
4. Третото Ниво На Казнување
5. Казнувањето На Понтиј Пилат
6. Казнувањето На Саул, Првиот Крал На Израел
7. Четврто Ниво На Казнување Врз Јуда Искариот

Глава 6 –

**Казните За Хулењето Кон Светиот Дух • 157**

1. Страдањето Во Сад Полн Со Течност Која Што Врие
2. Искачувањето По Вертикалната Карпа
3. Горењето На Устата Со Вжештено Железо
4. Исклучително Големи Справи За Измачување
5. Врзан За Стебло Од Дрво

*Глава 7 –*

## Спасението Во Текот На Големите Страдања • 193

1. Доаѓањето Христово И Подигањето На Небесата
2. Седумгодишните Големи Страдања
3. Маченштвото За Време На Големите Страдања
4. Второто Христово Доаѓање И Илјадалетието
5. Подготвувањето Да Се Биде Прекрасната Невеста На Бога

*Глава 8 –*

## Казнувањето Во Пеколот По Големиот Суд • 223

1. Неспасените Души Паѓаат Во Пеколот По Судот
2. Огненото Езеро И Езерото Со Сулфур Што Гори
3. Некои Остануваат Во Долниот Гроб Дури И По Судот
4. Злите Духови Ќе Бидат Затворени Во Безданта
5. Каде Ќе Завршат Демоните?

*Глава 9 –*

## Зошто Богот На Љубовта Морал Да Го Подготви Пеколот? • 261

1. Божјата Трпеливост И Љубов
2. Зошто Богот На Љубовта Морал Да Го Припреми Пеколот?
3. Бог Сака Сите Луѓе Да Го Примат Спасението
4. Храбро Ширете Го Евангелието

*Глава 1*

# Постојат Ли Навистина Небесата И Пеколот?

1. Небесата И Пеколот Сигурно Постојат
2. Параболата За Богатиот И Просјакот Лазар
3. Структурата На Небесата И На Пеколот
4. Горниот Гроб И Рајот
5. Долниот Гроб, Местото За Чекање На Патот Кон Пеколот

„Исус им одговори,
'Затоа што вам ви е дадено да
ги знаете тајните на кралството небесно,
а ним не им е дадено.'"
- Матеј 13:11 -

„Ако окото твое те соблазнува,
извади го; подобро е за тебе
со едно око да влезеш во кралството Божјо,
отколку да имаш две очи
и да бидеш фрлен во пеколот."
- Марко 9:47 -

Голем број од луѓето околу нас се плашат од смртта и живеат во страв и вознемиреност да не ги загубат животите. Сепак тие не го бараат Бога бидејќи не веруваат во животот после смртта. Уште повеќе, многу луѓе кои што ја исповедаат нивната вера во Христа, исто така се чини дека не успеваат да живеат во верата. Поради неразумност, луѓето се сомневаат и не веруваат во животот по смртта, иако Бог веќе ни го има прикажано животот по смртта, небесата и Пеколот, во Библијата.

Животот по смртта е еден невидлив духовен свет. Затоа луѓето не можат да го согледаат, освен ако Бог не им дозволи да го осознаат. Како што е повеќе пати напишано во Библијата, небесата и Пеколот сигурно постојат. Затоа Бог им ги прикажува небесата и Пеколот на многу луѓе насекаде низ светот и им допушта да раскажуваат за нив, во секој дел од земјината топка.

„Небесата и Пеколот сигурно постојат."

„Небесата се прекрасно и фасцинантно место додека Пеколот е тмурно и мизерно место повеќе отколку што можете да замислите. Силно ве упатувам да верувате во постоењето на животот после смртта."

„Од вас зависи дали ќе отидете во небесата или во пеколот. За да не паднете во Пеколот, треба веднаш да се покаете за сите ваши гревови и да го прифатите Исуса Христа."

„Пеколот сигурно постои. Тоа е местото каде што луѓето страдаат од вечниот незгаслив оган. Исто така е вистина и дека постојат небесата. Небесата можат да ви бидат вашиот вечен дом."

Богот на љубовта почна да ми објаснува за небесата од мај 1984 година. Тој исто така почна да ми го објаснува во детали и Пеколот од март 2000 година. Тој побара од мене да го раширам она што го научив за небесата и Пеколот насекаде низ светот, така да дури ниту една личност не биде казнета во огненото езеро или во езерото со сулфурот што гори.

Бог еднаш ми покажа една душа која што страдаше и со каење тагуваше во Долниот Гроб, каде што сите оние што се предодредени за Пеколот, во агонија го исчекуваат тоа. Душата одби да го прифати Господа и покрај многуте можности да го слушне евангелието и на крајот падна во Пеколот после смртта. Следните зборови се неговата исповед:

Ги бројам деновите.
Ги бројам, бројам и бројам
но тие се бескрајни.
Требаше да се обидам да
го прифатам Исуса Христа
кога ми кажуваа за Него.
Што да правам сега?

Потполно е бескорисно

дури и да се каам сега.

Не знам што да сторам сега.

Сакам да избегам од ова страдање но не знам што да направам.

Бројам еден ден, два дена и три дена.

Но дури и да ги бројам деновите на овој начин, знам дека е залудно.

Моето срце се раскинува.

Што да правам? Што да правам?

Како да се ослободам од оваа силна болка?

Што да правам, ох, моја кутра душо?

Како да го издржам ова?

## 1. Небесата И Пеколот Сигурно Постојат

Евреи 9:27 пишува дека „*И како што им е на луѓето определено да умрат еднаш, така потоа следи судот.*" Сите мажи и жени се предодредени да умрат и откако тие ќе го испуштат својот последен здив, по судот, ќе влезат или на небесата или во Пеколот.

Бог сака секој да влезе во небесата бидејќи Тој е љубов. Бог го подготвил Исуса Христа пред сите векови и ја отворил вратата за спасението на човечките суштества, кога за тоа ќе дојде времето. Бог не сака ниту една душа да падне во Пеколот. Римјани 5:7-8 кажува „*За праведник одвај дека некој ќе* умре; за добар, можеби некој и ќе се реши да умре. Но Бог ја докажа љубовта Своја кон нас со тоа, што Христос умре за нас, уште додека бевме грешни." Навистина, Бог ја покажал Неговата љубов за нас со тоа што беспоштедно го жртвувал Својот еден и единствен Син.

Вратата на спасението е широко отворена за секој што ќе го прифати Исуса Христа како свој личен Спасител, таквиот ќе биде спасен и ќе влезе во небесата. Сепак голем број од луѓето не се заинтересирани за небесата и за Пеколот, дури иако слушнат за нив. Уште повеќе, некои од нив дури и ги прогонуваат луѓето кои што го проповедаат евангелието.

Најтажниот факт е дека луѓето кои што тврдат дека веруваат во Бога, сеуште го сакаат светот и прават гревови, бидејќи тие всушност ја немаат надежта за рајот и го немаат стравот од пеколот.

## Преку Сведочењата На Сведоците И Преку Библијата

Небесата и Пеколот се во духовниот свет кој што навистина постои. Библијата многу пати го споменува постоењето на небесата и на Пеколот. Оние кои што биле на небесата или во Пеколот, исто така сведочат за нив. На пример во Библијата, Бог ни кажува колку е ужасен Пеколот за да можеме да се стекнеме со вечниот живот на небесата, наместо да паднеме во Пеколот по смртта.

*И ако те соблазнува раката твоја, отсечи ја; подобро е за тебе без рака да влезеш во* животот, отколку да имаш две раце и да отидеш во пеколот, во незгасливиот оган, каде што нивниот црв не гине и огнот не изгаснува. И ако те соблазнува ногата твоја, отсечи ја; подобро е за тебе сакат да влезеш во животот, отколку да ги имаш двете нозе и да бидеш фрлен во пеколот, во незгасливиот оган, каде што нивниот црв не гине ни огнот се изгаснува. И ако окото твое те соблазнува, извади го; подобро е за тебе со едно око да влезеш во кралството Божјо, отколку да имаш две очи и да бидеш фрлен во пеколот, каде што нивниот црв не гине и огнот не изгаснува. Зашто секој со оган ќе се посоли* (Марко 9:43-49).

Оние кои што биле во Пеколот го посведочуваат она што Библијата го тврди. Во Пеколот, „нивниот црв не гине, и огнот не изгаснува. Зашто секој со оган ќе се посоли."

Кристално јасно е дека постојат небесата и Пекол по смртта, како што е запишано во Библијата. Затоа вие треба да влезете во небесата живеејќи според Словото Божјо, верувајќи во постоењето на небесата и на Пеколот, во вашиот ум.

Вие не би требало да тагувате со каење, како што душата споменената погоре, бескрајно страда во Гробот, бидејќи одбила да го прифати Господа и покрај многуте можности да слушне за евангелието.

Во Јован 14:11-12, Исус ни кажува, *„Верувајте Ми дека Јас сум во Отецот и Отецот е во Мене; или пак верувајте во Мене заради делата. Вистина, вистина ви велам: кој* *верува во Мене, делата што ги вршам Јас и тој ќе ги врши, и поголеми од нив ќе врши; бидејќи Јас си одам кај Својот Отец."*

Вие можете да препознаете некоја одредена личност дека е човек Божји, кога ќе видите дека ја придружуваат моќни дела кои што се вон човечките способности и исто така можете да потврдите дека неговата порака е во согласност со вистинското слово на Бога.

Јас го ширам Исуса Христа, извршувајќи ги делата на силата на живиот Бог, додека ги одржувам крстоносните походи насекаде низ светот. Кога се молам во името на Исуса Христа, безброј луѓе веруваат и го примаат спасението, бидејќи се случуваат извонредните дела на силата: слепите прогледуваат, немите прозборуваат, сакатите се исправаат, мртвите оживуваат и така натаму.

На овој начин, Бог ги прикажува Неговите силни дела преку мене. Тој исто така во детали ми ги објасни небесата и Пеколот и ми дозволи да раскажам за нив насекаде низ светот, така да колку што е можно повеќе луѓе да бидат спасени.

Денес, многу луѓе се љубопитни за животот по смртта – за духовниот свет – но невозможно е да се знае јасно за духовниот свет само преку човечкото настојување. Можете делумно да научите за него читајќи ја Библијата. Но сепак, можете јасно да го согледате единствено кога Бог ќе ви го објасни, додека сте потполно инспирирани од Светиот Дух кој што ги бара сите нешта дури и длабоките мисли за Бога (1 Коринтјани 2:10).

Се надевам дека вие потполно ќе поверувате во мојот

опис на Пеколот, врз основа на стиховите од Библијата, бидејќи Самиот Бог ми го објасни тоа, додека бев потполно инспириран од Духот.

## Зошто Да Се Објави Судот Божји И Казнувањето Во Пеколот

Кога јас ги пренесувам пораките за Пеколот, оние кои што ја имаат верата, ќе бидат исполнети со Светиот Дух и ќе ги слушаат без никаков страв. Сепак постојат и такви луѓе кои што стануваат вкочанети во лицата и напнати, па нивниот вообичаен потврден одговор како што е „Амин" или „Да," постепено ќе избледи во текот на проповедта.

Како најлошо нешто, луѓето кои што се со слаба вера престануваат да присуствуваат на богослужбите, па дури и во страв ја напуштаат црквата, наместо повторно да ја пронајдат својата вера, со надеж за влегување во небесата.

Сепак морам да го објаснам Пеколот, бидејќи го познавам срцето на Бога. Бог е многу вознемирен поради луѓето кои што итаат кон Пеколот, што сеуште живеат во темнина и прават компромиси со световниот начин на живот, иако некои од нив ја исповедаат нивната вера во Исуса Христа.

Затоа јас детално ќе го објаснам Пеколот, за да можат чедата Божји да живеат во светлина, напуштајќи ја темнината. Бог сака Неговите чеда да се покајат и да влезат во небесата, иако можеби ќе бидат уплашени и ќе се чувствуваат непријатно кога ќе слушнат за судот Божји и за казните во Пеколот.

## 2. Параболата За Богатиот И Просјакот Лазар

Во Лука 16:19-31, и богатиот човек и просјакот Лазар по смртта отишле во Гробот. Состојбите и условите во местата во кои што секој човек престојувал и понатаму биле посебно различни.

Богатиот бил силно измачуван со оган, додека Лазар се наоѓал далеку на страната на Авраам над бездната. Зошто?

Во времето на Стариот Завет, судот Божји се вршел според законот на Мојсеј. Од една страна, богатиот ги трпел измачувањата со огнот бидејќи не верувал во Бога, иако живеел во големо изобилие на овој свет. Од друга страна, просјакот Лазар можел да ужива во вечниот одмор бидејќи верувал во Бога иако бил покриен со рани и копнеел да го јаде она што паѓало од масата на богатиот.

### Животот По Смртта Се Одредува Со Судот Божји

Во Стариот Завет, можеме да најдеме дека нашите прататковци на верата вклучувајќи ги Јаков и Јов наведуваат дека ќе одат во Гробот откако ќе умрат (Битие 37:35; Јов 7:9). Кореј и сите негови луѓе кои што се подигнале против Мојсеја, паднале живи во Гробот, преку гневот на Бога (Броеви 16:33).

Стариот Завет исто така ги споменува „Јамата" и „Адот." Гроб е англискиот збор за двата поима „Јамата" и „Адот." Гробот е поделен на два дела: Горен Гроб кој што им припаѓа на небесата и Долен Гроб кој што му припаѓа на Пеколот.

Па така, вие знаете дека прататковците на верата како што е Јаков и Јов и просјакот Лазар отишле во Горниот Гроб што им припаѓа на небесата, додека Кореј и богатиот отишле во Долниот Гроб, кој што му припаѓа на Пеколот.

Според кажаното, сигурно постои животот по смртта и сите мажи и жени се предодредени да одат во небесата или во Пеколот, во согласност со судот Божји. Силно ве упатувам да верувате во Бога, за да бидете спасени од одењето во Пеколот.

## 3. Структурата На Небесата И На Пеколот

Библијата користи различни имиња кога зборува за небесата или за Пеколот. Всушност вие можете да препознаете дека небесата и Пеколот не се наоѓаат на истото место.

Со други зборови, за небесата се наведува како за „Горниот Гроб" „Рајот," или за „Новиот Ерусалим." Сето ова е така бидејќи небесата, престојувалиштето на спасените души е категоризирано и поделено на многу различни места.

Како што веќе ви објаснив во пораките за „*Мерката на Верата*" и „*Небеса I & II,*" вие можете да живеете поблиску до Престолот Божји во Новиот Ерусалим, до оној степен до кој што сте се здобиле со изгубениот образ на Богот Отецот. Алтернативно, можете да влезете во Третото Кралство Небесно, во Второто Кралство Небесно или во Првото Кралство Небесно, во согласност со мерката на вашата вера. Оние луѓе кои што се едваj спасени, ќе можат да влезат во Рајот.

11

Пекол

Местото каде што се наоѓаат неспасените души или злите духови е исто така наречено „Долниот Гроб," „огненото езеро," „езерото со сулфурот што гори," или „Бездната (јамата без дно)." Исто како што небесата се поделени на многу места, исто така и Пеколот е поделен на многу места, бидејќи престојувалиштето на секоја душа ќе се разликува едно од друго во согласност со мерката на злите дела направени на овој свет.

Горниот триаголник (врв нагоре), од врвот надолу:
- Нов Ерусалим
- Третото Кралство
- Второто Кралство
- Првото Кралство
- Рај
- Горен Гроб
- Провалија

Долниот триаголник (врв надолу), од горе надолу:
- Долен Гроб (Ад)
- Огнено Езеро
- Езеро Со Сулфурот Што Гори (Сулфурно Езеро)
- Бездна (Дупката Без Дно)

## Структурата На Небесата И На Пеколот

Замислете си го обликот на дијамантот ($\diamond$) за подобро да ја разберете структурата на небесата и на Пеколот. Доколку овој облик се пресече на пола, добиваме триаголник со врвот нагоре ($\triangle$) и триаголник со врвот надолу ($\triangledown$). Да претпоставиме дека триаголникот со врвот нагоре ги претставува небесата, а триаголникот со врвот надолу го претставува Пеколот.

Највисоката точка на триаголникот со врвот нагоре соодветствува со Новиот Ерусалим, додека најниската точка на истиот соодветствува со Горниот Гроб. Поинаку кажано, над Горниот Гроб се наоѓаат Рајот, Првото Кралство Небесно, Второто Кралство, Третото Кралство и Новиот Ерусалим. Сепак вие не треба да мислите на различните Кралства како на прв, втор или трет спрат од зграда во овој свет. Во духовното царство е невозможно да повлечете линија, за да ја издвоите земјата како што тоа го правите тука на овој свет и да ја објасните формата на истата. Јас само објаснувам на овој начин за да им овозможам на телесните луѓе појасно да ги сфатат небесата и Пеколот.

Во триаголникот со врвот нагоре, врвот соодветствува со Новиот Ерусалим, додека најнискиот дел на истиот, соодветствува со Горниот гроб. Со други зборови, колку што повисоко се искачувате по триаголникот, толку поубаво Кралство ќе најдете.

Во другата слика, кај триаголникот свртен со врвот надолу, највисокиот и најширокиот дел соодветствува со Долниот Гроб. Колку што поблиску доаѓате кон дното, толку повеќе се приближувате до сè подлабокиот дел од Пеколот; Долниот Гроб, огненото езеро, езерото со сулфур и Безната. Безната спомената во Делата на Светите Апостоли од Светиот Апостол Лука и во Откровението се однесува на најдлабокиот дел на Пеколот.

Во триаголникот со врвот нагоре, областа станува сè помала како што се искачувате од дното кон врвот – од Рајот кон Новиот Ерусалим. Оваа форма ви покажува дека бројот на луѓето кои што ќе влезат во Новиот Ерусалим е релативно мал во споредба со бројот на луѓето кои што ќе влезат во

Рајот, Првото или Второто Кралство Небесно. Сето тоа е така бидејќи само оние кои што ќе ја постигнат светоста и совршенството преку осветување на нивните срца, следејќи го срцето на Богот Отецот, ќе можат да влезат во Новиот Ерусалим.

Како што можете да видите во триаголникот свртен надолу, споредбено помалку луѓе ќе отидат во најдлабоките делови на Пеколот, бидејќи само оние луѓе чија што совест била согорена и кои што ги извршиле најголемите зла, ќе бидат фрлени на тие места. Поголемиот број на луѓето кои што имаат извршено релативно полесни гревови, ќе одат во погорниот, поширокиот дел на Пеколот.

Па така, небесата и Пеколот можат да се замислат во форма на дијамант. Сепак вие не треба да заклучите дека небесата се во форма на триаголник, ниту пак дека Пеколот е во форма на триаголник со врвот надолу.

## Голема Бездна Помеѓу Небесата И Пеколот

Постои голема бездна помеѓу триаголникот со врвот нагоре – небесата – и помеѓу триаголникот со врвот надолу – Пеколот. Небесата и Пеколот не се граничат еден со друг туку се далеку вон секоја мерка.

Бог така јасно ја поставил границата, за да не можат душите од небесата и од Пеколот, да патуваат наваму натаму помеѓу небесата и Пеколот. Само во многу посебни случаеви допуштени од Бога, е можно да се видат и да зборуваат еден со друг на оној начин на кој што богатиот и Авраам разговарале.

Помеѓу двата симетрични триаголника постои една голема бездна. Луѓето не можат да доаѓаат и да одат од небесата во Пеколот и обратно. Сепак доколку Бог дозволи, тогаш луѓето од небесата и од Пеколот ќе можат да се видат, слушнат и да позборуваат едни со други во духот, без оглед на оддалеченоста.

Можеби вие ова ќе можете полесно да го сватите доколку се потсетите како ние можеме да зборуваме со луѓето на другиот крај од светот преку телефон или дури и да зборуваме лице в лице преку монитори, со помош на сателити, што се должи на рапидниот напредок и развој на науката и технологијата.

Иако помеѓу небесата и Пеколот се наоѓа една огромна бездна, богатиот човек можел да го види Лазара како одмора на страната на Авраама, и како зборува со Авраама во духот, преку дозволата од Бога.

## 4. Горниот Гроб И Рајот

Да бидеме попрецизни, Горниот Гроб не е дел на небесата, туку може да се смета како имот на небесата, додека пак Долниот Гроб е дел од Пеколот. Улогата на Горниот Гроб од времето на Стариот до Новиот Завет е сменета.

## Горниот Гроб Во Времето На Стариот Завет

Во времето на Стариот Завет, спасените души чекале во Горниот Гроб. Авраам, прататкото на верата, бил одговорен за Горниот Гроб и затоа во Библијата се споменува дека Лазар бил на страната на Авраама.

Сепак од воскреснувањето и воздигнувањето на Господа Исуса Христа, спасените души веќе не се на страната на Авраама, туку се префрлени во Рајот и се наоѓаат на страната на Господа. Затоа во Лука 23:43, Исус му кажал, *„Вистина ти велам: денес ќе бидеш со Мене во Рајот!"* на едниот од злосторниците кој што се покајал и го примил Исуса како негов Спасител, додека Исус бил распнат на крстот.

Дали Исус отишол веднаш во Рајот по Неговото распнување? 1 Петар 3:18-19 ни кажува дека *„Бидејќи и Христос исто умре за да нé приведе кон Бога, пострада за греовите наши, праведник за неправедните; вистина, мртов по тело, но ожиеан во духот, со кого, откако слезе, им проповеда и на духовите, кои што беа во темнината."* Од овој стих, можете да видите дека Исус им го проповедал евангелието на сите оние души кои што требало да бидат спасени и кои што чекале во Горниот Гроб. Ќе ви го образложам ова во поединости во глава 2.

Исус, кој што три дена го проповедал евангелието во Горниот Гроб, ги довел душите кои што требало да бидат спасени во Рајот, кога воскреснал и се воздигнал на небесата. Денеска, Исус го подготвува местото за нас на небесата како што Тој вели, *„Одам да ви приготвам место"* (Јован 14:2).

## Рајот Во Времето На Новиот Завет

Откако Исус широко ја отворил вратата на спасението, спасените души веќе не се наоѓаат во Горниот Гроб. Тие престојуваат на периферијата на Рајот, Местото за чекање на Небесата, сѐ до крајот на човечката култивација. И потоа, по судот на Големиот Бел Престол, секој од нив ќе си влезе во своето лично место за живеење на небесата во согласност со мерката на индивидуалната вера и ќе живее таму засекогаш.

Сите спасени души чекаат во Рајот, во времето на Новиот Завет. Некои луѓе можби ќе се запрашаат дали е возможно толку многу луѓе да живеат во Рајот, бидејќи безброј луѓе се родени од Адама па наваму. „Свештенику Ли! Како е можно толку многу луѓе да живеат во Рајот? Се плашам дека можеби не е доволно голем за да можат сите луѓе да живеат заедно, иако се работи за просторно место."

Сончевиот систем на кој што му припаѓа земјата претставува една обична дамка во споредба со галактичкиот систем. Можете ли да замислите колку е голем еден галактички систем? Сепак една галаксија претставува само една обична дамка спореденa со целиот универзум. Можете ли тогаш да замислите колку е простран сиот универзум?

Како дополнение, огромниот универзум во кој што ние живееме е само еден од безбројните универзуми и опсегот на севкупниот универзум е нешто што е вон нашето поимање. Затоа ако за вас е невозможно да ја свати́те просторноста на физичкиот универзум, тогаш како воопшто можете да ја согледате просторноста на небесата во духовното кралство?

Самите небеса се навистина толку многу пространи, да тоа ја надминува нашата имагинација. Неизмерливо е растојанието од најблиското место на Првото Кралство до работ на Рајот. Можете ли сега да замислите колку е простран самиот Рај?

### Душите Се Здобиваат Со Духовно Знаење Во Рајот

Иако Рајот претставува место за чекање на патот до небесата, тој не е тесно или досадно место. Тој претставуа толку многу убаво место, да не може да се спореди ниту со највозбудливите гletки од овој свет.

Душите кои што чекаат во Рајот се стекнуваат со духовно знаење, предадено од страна на некој од пророците. Тие учат за Бога и за небесата, за духовниот закон и за некое друго потребно духовно знаење. Не постои граница на духовното знаење. Учењето таму е потполно различно од она на овој свет. Тоа не е ниту тешко, ниту здодевно. Колку што повеќе учат, толку повеќе милост и радост примаат.

Оние кои што се чисти и кротки во срцето, можат да се здобијат со големо духовното знаење, преку комуницирањето со Бога, дури и на овој свет. Можете да разберете многу нешта преку инспирацијата од Светиот Дух, кога гледате некои нешта со вашите духовни очи. Можете да ја искусите духовната сила на Бога дури и на овој свет, бидејќи можете да ги разберете духовните закони на верата и Божјиот одговор на вашата молитва, сé до оној степен до кој што ќе си го обрежете вашето срце.

Колку ли се чувствувате среќни и потполно задоволни кога учите за духовните нешта и ги доживувате на овој свет? Замислете си колку посреќни и порадосни ќе бидете кога ќе се здобиете со подлабокото духовно знаење во Рајот, кој што им припаѓа на небесата.

Каде тогаш живеат тие пророци? Дали тие живеат во Рајот? Не. Душите квалификувани да влезат во Новиот Ерусалим не престојуваат во Рајот туку во Новиот Ерусалим, помагајќи му таму на Бога во Неговите работи.

Авраам се грижел за Горниот Гроб пред Исус да биде распнат. Сепак по воскреснувањето и воздигнувањето на Исуса, Авраам отишол во Новиот Ерусалим бидејќи ја исполнил својата должност во Горниот Гроб. Каде тогаш биле Мојсеј и Илија додека Авраам бил во Горниот Гроб? Тие не биле во Рајот туку веќе биле во Новиот Ерусалим, бидејќи биле квалификувани да влезат во Новиот Ерусалим (Матеј 17:1-3).

## Горниот Гроб Во Времето На Новиот Завет

Вие можеби сте виделе некој филм во кој што душата на човекот, што наликува на неговото сопствено физичко тело, по смртта се одвојува од неговото тело и ги следи или ангелите од небесата или гласниците од Пеколот. Всушност спасената душа е водена кон небесата од страна на два ангела во бели облеки, откако ќе се одвои од телото во моментот на смртта. Оној кој што ќе го знае или ќе го научи ова, нема да биде шокиран дури и кога неговата душа ќе се одвои од неговото тело, кога ќе настапи смртта. Оној кој што воопшто не го знае тоа, сепак ќе биде шокиран, кога ќе види како друга личност, која што потполно наликува на него, се одвојува од неговото тело.

Душата одвоена од физичкото тело отпрво ќе се почувствува многу чудно и необично. Нејзината состојба ќе биде многу поинаква од претходно и таа сега ќе доживува исклучителни промени бидејќи живеела во тродимензионалниот свет, а сега продолжува да живее во четиридимензионалниот свет.

Одвоената душа не ја чувствува тежината на телото и може да падне во искушение да се заврти наоколу бидејќи телото се чувствува многу лесно. Затоа е потребно одредено време за да се научат основните нешта за прилагодувањето на духовниот свет. Затоа спасените души во времето на Новиот Завет привремено престојуваат и се прилагодуваат на духовниот свет во Горниот Гроб, пред да влезат во Рајот.

## 5. Долниот Гроб, Местото За Чекање На Патот Кон Пеколот

Највисокиот дел на Пеколот е Долниот Гроб. Како што се спуштате надолу низ Пеколот го гледате огненото езеро, езерото со сулфурот што гори и бездната, најдлабокиот дел на Пеколот. Неспасените души од почетокот на времето сеуште не се во Пеколот, туку се во Долниот Гроб.

Многу луѓе тврдат дека биле во Пеколот. Можам да кажам дека тие всушност ги виделе сцените на измачување во Долниот Гроб. Сето тоа е така бидејќи неспасените души се затворени во различните делови на Долниот Гроб, во согласност со тежината на нивните гревови и злото и конечно, тие ќе бидат фрлени во огненото езеро или во езерото со сулфурот што гори, по судот на Големиот Бел Престол.

## Страдањата На Неспасените Души Во Долниот Гроб

Во Лука 16:24, страдањата на кои што е подложен неспасениот богат човек во Долниот Гроб, е многу добро опишано. Во неговата агонија, богатиот човек бара капка вода кажувајќи, *„Оче Аврааме, смилуј се на мене, и испрати го Лазара да го накваси врвот од својот прст во вода и да ми го разлади јазикот, оти сум во агонија во овој пламен!"*

Како можат да не бидат ужаснати душите и да не се тресат во морничав страв, постојано измачувани помеѓу врисоците на другите луѓе кои што ќе бидат во агонија, во разурнувачкиот оган, без дури и надеж за смртта во Пеколот, каде што црвот не умира, ниту пак огнот згаснува?

Бруталните гласници на Пеколот ги измачуваат душите во потполната темнина на Долниот Гроб. Целото место е исполнето со крвожедност и одвратна реа од труповите што се распаѓаат, па е многу тешко дури и да се диши. Сепак казнувањето кое што ќе биде во Пеколот не може да се спореди со она во Долниот Гроб.

Од глава 3 па натаму, детално ќе ви опишам низ конкретни примери, колку ужасно место е Долниот Гроб и каков вид на неиздржливи казнувања се применуваат во огненото езеро и во езерото со сулфурот што гори.

## Неспасените Души Толку Многу Се Каат Во Долниот Гроб

Во Лука 16:27-30, богатиот не верувал во постоењето на Пеколот, но ја осознал неговата неразумност и го почувствувал каењето во огнот, после неговата смрт. Богатиот го молел Авраама да го испрати Лазара до неговите браќа, за да и тие не дојдат во Пеколот.

> *„Тогаш те молам, оче, испрати го во татковата ми куќа, зашто имам петмина браќа, та да им посведочи, за да не дојдат и тие во ова место на маките!" Но Авраам му кажа, „Тие го имаат Мојсеја и Пророците; нив нека ги слушаат!" А тој рече, „Не, оче Аврааме, туку, ако некој од мртвите отиде при нив, тогаш ќе се покаат!"*

Што би им кажал богатиот на браќата доколку би му била дадена можноста лично да позборува со нив? Тој сигурно би им кажал, „Со сигурност знам дека постои Пеколот. Ве молам живејте според словото Божјо за да не дојдете во Пеколот, бидејќи Пеколот е ужасно и морничаво место."

Дури и во една таква бескрајно измачувачка болка и страдање, богатиот искрено сакал да ги спаси своите браќа, за да не дојдат и тие во Пеколот и без сомневање имал релативно добро срце. Тогаш што можеме да кажеме за луѓето од денешницата?

Еднаш Бог ми покажа еден брачен пар кој што беше измачуван во Пеколот, бидејќи го беа напуштиле Бога и ја беа оставиле црквата. Во Пеколот, тие се обвинуваа, се колнеа и се мразеа еден со друг, па дури и си посакуваа што повеќе болка да падне врз другиот.

Богатиот сакал неговите браќа да бидат спасени бидејќи тој бил донекаде добар во срцето. Сепак би требало да го запаметите фактот дека богатиот, без оглед на тоа, бил фрлен во Пеколот. Исто така, морате да запаметите дека не можете да се здобиете со спасение, само со тоа што ќе кажете „Јас верувам."

Човекот е предодреден да умре и по смртта ќе оди или во небесата или во Пеколот. Затоа не треба да бидете неразумни, туку треба да станете вистински верници.

## Мудриот Човек Се Подготвува Себеси За Животот По Смртта

Мудрите луѓе навистина се подготвуваат себе си за животот по смртта, додека голем број од другите луѓе напорно работат за да се стекнат со чест и да се здобијат со моќ, богатство, напредок и долговечност на овој свет.

Мудрите луѓе го складираат нивното богатство на

небесата во склад со словото Божјо, бидејќи премногу добро знаат дека не можат да земат ништо со нив во гробот.

Вие можби имате слушнато некои сведоштва од оние луѓе кои што не можеле да си ги најдат своите куќи на небесата кога отишле таму, иако тие наводно верувале во Бога и ги воделе животите во Христа. Вие можете да имате голема и убава куќа на небесата, доколку трудољубиво го складирате вашето богатство на небесата, додека живеете како скапоценото чедо Божјо на овој свет!

Вие ќе бидете навистина благословени и мудри бидејќи ќе се стремите да ја здобиете и да ја одржите достојната вера за да влезете во убавите небеса и бидејќи во верата трудољубиво си ги сместувате вашите награди на небесата, тоа значи дека се подготвувате себеси како невесатата на Бога, кој што само што не се вратил.

Штом некој ќе умре, тој нема да може повторно да го проживее својот живот. Затоа ве молам да ја имате верата и да знаете дека постојат небесата и Пеколот. Како дополнение, знаејќи дека неспасените души се силно измачувани во Пеколот, вие треба да му ги прикажете небесата и Пеколот на секого со кого што ќе се сретнете во овој живот. Замислете си колку задоволен тогаш ќе биде Бог со вас!

Оние кои што ја пренесуваат љубовта Божја, кои што сакаат да ги поведат сите луѓе по патот на спасението, ќе бидат благословени во овој живот, а и ќе сјаат како сонцето на небесата, исто така.

Се надевам дека ќе верувате во живиот Бог кој што

ви суди и ве наградува и дека ќе се потрудите да станете вистинското чедо Божјо. Се молам во името на Господа да вие поведете колку што е можно повеќе луѓе назад кон Бога и спасението и да бидете многу сакани од Бога.

## Глава 2

## Оние Кои Што Никогаш Не Го Слушнале Евангелието

1. Суд На Совеста
2. Неродени Бебиња Од Абортус Или Пометнување
3. Деца Од Раѓање До Петгодишна Возраст
4. Деца Од Шестгодишна Возраст До Предтинејџерски Години
5. Дали Беа Спасени Адам И Ева?
6. Што Се Случи Со Првиот Убиец Каин?

„ *Зашто Незнабошците,
кои што го немаат Законот,
инстиктивно вршат дела од Законот;
тогаш тие, иако го немаат Законот,
сами во себе си се закон; поради тоа што
тие покажуваат дека делото на Законот е напишано
во нивните срца, нивната совест им сведочи затоа,
и нивните мисли помеѓу себе се обвинуваат или
оправдуваат."*
- Римјани 2:14-15 -

*„А ГОСПОД му кажа нему, "Затоа кој што ќе
го убие Каина, седум пати ќе се казни!"
И му стави ГОСПОД знак на Каина,
за да никој кој што ќе го сретне,
не го убие него."*
Битие 4:15

Бог ја докажал Неговата љубов за нас со тоа што го дал Неговиот еден и единствен Син Исус Христос, да биде распнат за спасението на сето човештво.

Родителите си ги сакаат своите мали деца, но тие сакаат нивните деца доволно да созреат, за да можат да ги сватат нивните срца и заедно со нив да ја споделуваат нивната радост и болка.

Слично на ова, Бог сака сите човечки суштества да бидат спасени. Понатаму, Бог сака Неговите чеда доволно да созреат во верата, за да можат да го осознаат срцето на Богот Отецот и да ја споделат длабоката љубов со Него. Затоа апостолот Павле напишал во 1 Тимотеј 2:4 дека Бог сака сите луѓе да бидат спасени и да ја спознаат вистината.

Вие треба да знаете дека Бог детално го покажува Пеколот и духовниот свет бидејќи Бог во Неговата љубов сака сите луѓе да го примат спасението и да станат потполно созреани во верата.

Во оваа глава јас детално ќе објаснам дали е можно оние кои што умреле без да знаат за Исуса Христа, да бидат спасени.

## 1. Суд На Совеста

Многу луѓе кои што не веруваат во Бога, во најмала мера го признаваат постоењето на небесата и на Пеколот, но тие не можат да влезат во небесата само поради тоа што го признаваат постоењето на небесата и на Пеколот.

Како што ни кажува Исус во Јован 14:6, *"Јас сум патот, вистината и животот; никој не доаѓа кај Отецот, освен преку Мене."* вие можете да бидете спасени и да влезете во небесата единствено преку Исуса Христа.

Како тогаш вие можете да бидете спасени? Апостолот Павле во Римјаните 10:9-10, ни го покажува патот кон конкретното спасение:

> *Ако со устата Го исповедаш Исуса како Господа и со срцето свое поверуваш дека Бог Го воскреснал од мртвите, ќе бидеш спасен; бидејќи со срцето една личност верува, резултирајќи со праведност, а со устата се исповеда, резултирајќи со спасение.*

Да претпоставиме дека има некои луѓе кои што не го познаваат Исуса Христа. Како резултат на тоа, тие не се исповедаат, „Исус е Господ." Ниту пак тие веруваат во Исуса Христа во нивните срца. Тогаш дали е вистина тоа дека никој од нив не може да биде спасен?

Голем број на луѓе живееле пред Исусовото доаѓање на Земјата. Дури и во времињата на Новиот Завет имало луѓе кои што умреле без воопшто да го слушнат евангелието. Може ли тие луѓе да бидат спасени?

Која ќе биде судбината на некои луѓе кои што умреле толку рано што никогаш не созреале доволно ниту пак станале доволно мудри за да ја прифатат вератa?Што да се каже во врска со нероденитe деца кои што умреле при абортус или пометнување? Дали тие мораат безусловно да одат во Пеколот бидејќи тие не поверувале во Исуса Христа? Не, не мораат.

Бог на љубовта ја отвора вратата на спасението за секого, во Неговата праведност преку „судот на совеста."

## Оние Кои Што Го Барале Бога И Живееле Со Добра Совест

Римјани 1:20 објавува дека *„Бидејќи уште од создавањето на светот Неговите невидливи атрибути, Неговата вечна сила и божествената природа, можат јасно да се видат и стануваат сватени низ она што било направено, па така да тие немаат изговор."* Поради овој факт луѓето кои што се со добри срца веруваат во постоењето на бога, со гледањето на она што е направено.

Еклизијаст 3:11 ни кажува дека Бог ја поставил вечноста во срцата на луѓето. Па така да добрите луѓе по природа го бараат бога и нејасно веруваат во животот по смртта. Добрите луѓе се плашат од небесата и се трудат да водат добри и праведни животи иако тие никогаш не го имаат слушнато евангелието. Затоа тие живеат во согласност со волјата на нивните богови до одреден степен. Ако тие само би го чуле евангелието, тие сигурно би го прифатиле Господа и би влегле на небесата.

Поради оваа основна причина, Бог им дозволил на добрите души да останат во Горниот Гроб како пат на нивното водење на небесата, сé додека Исус не умрел на крстот. По распнувањето на Исуса, Бог ги повел кон спасението преку крвта на Исуса, така што им овозможил да го чујат евангелието.

## Слушањето На Евангелието Во Горниот Гроб

Библијата ни кажува дека Исус го проповедал евангелието во Горниот Гроб откако умрел на крстот. Како што 1 Петар 3:18-19 забележува, *„Бидејќи и Христос исто така умре за гревовите наши, праведник за неправедните, за да не приведе кон Бога; умре во телото, но оживеа во духот, со кого, откако слезе, им проповеда на духовите, кои што беа во темнина,"* Исус им го проповедал евангелието на душите во Горниот Гроб за и тие да можат да бидат спасени преку Неговата крв исто така.

По слушањето на евангелието, луѓето кои што го немале чуено во текот на нивниот живот, конечно ја добиле можноста да дознаат кој бил Исус Христос и да бидат спасени.

Бог нема дадено некое друго име освен името на Исуса Христа, за да ги поведе луѓето кон спасението (Делата на Светите Апостоли 4:12). Дури и во времето на Новиот Завет, оние луѓе кои што ја немале можноста да го чујат евангелието, биле спасени преку судот на совеста. Тие остануваале во Горниот Гроб во текот на три дена за да го чујат евангелието, а потоа влегуваале во небесата.

Луѓето кои што се со нечиста совест никогаш не го бараат Бога и живеат во гревот, робувајќи им на нивните сопствени страсти.Тие не би поверувале во евангелието дури и ако би го чуле. По смртта, тие ќе бидат испратени во Долниот Гроб за да живеат во страдања и на крајот да паднат во Пеколот, по Судот на Големиот Бел Престол.

## Судот На Совеста

Не е возможно некој човек точно да пресуди за совеста на некоја друга личност, бидејќи обичниот човек не може правилно да ги прочита срцата на другите луѓе. Сепак, семоќниот Бог може да го осознае срцето на секој човек и да донесе непристрасен суд.

Римјаните 2:14-15 ни го објаснува судот на совеста. Добрите луѓе знаат што е добро или зло бидејќи нивната совест им овозможува да ги знаат барањата на Законот.

> *Зошто Незнабошциte немајќи Закон, инстиктивно ги вршат нештtата по законот; тогаш тие, иако немаат Закон, сами во себеси си се Закон; поради тоа што делото на Законот е запишано во нивните срца, та затоа се управуваат според Законот, бидејќи нивната совест им сведочи за тоа а нивните мисли помеѓу себе се обвинуваат или оправдуваат.*

Затоа добрите луѓе не го следат патот на злото туку го следат патот на доброто во нивниот живот. Следствено, согласно со судот на совеста, тие престојуваат во Горниот

Гроб три дена, во текот на кои го слушаат евангелието и се спасуваат.

Можеме да го споменеме Адмиралот Соншин Ли* како пример за човек кој што живеел во добрината според неговата добра совест (*Белешка на уредникот: Адмиралот Ли бил врховен командант на поморските сили за време на Чосун Династијата во Кореја, во текот на 16тивек). Адмиралот Ли живеел во вистината иако не знаел за Исуса Христа. Тој секогаш му бил верен на својот крал, на својата земја и на луѓето кои што ги штител. Тој им бил добар и верен на своите родители и си ги сакал своите браќа. Никогаш не го поставил својот сопствен интерес пред интересот на другите и никогаш не барал почести, власт или богатство. Тој само служел и се жртвувал себеси за своите соседи и народот.

Вие не можете да најдете никаква трага на зло во него. Адмиралот Ли бил протеран, но сепак немал никакви приговори или пак намера да му се одмазди на својот непријател, кој што неправедно го обвинил. Тој не му се пожалил на кралот, дури и кога тој истиот крал што го истерал во прогон, му наредил да се бори на бојното поле. Наместо тоа, тој со сето срце му се заблагодарил на кралот, повторно ги поставил трупите во добар распоред и се борел во битките, ризикувајќи си го својот живот. Покрај тоа, тој дури пронашол време да му се помоли на својот бог клекнат на колена, бидејќи го согледал постоењето на истиот. Поради кои причини Бог не би го одвел на небесата?

## Оние Кои Што Се Исклучени Од Судот На Совеста

Дали луѓето кои што го слушнале евангелието но не поверувале во Бога, можат да бидат подложени на судот на совеста?

Членовите на вашето семејство не можат да бидат подложени на судот на совеста, доколку не го прифатиле евангелието откако го слушнале од вас. Праведно е да не бидат спасени, доколку го отфрлиле евангелието иако имале многу можности да го слушнат.

Без оглед на тоа, вие би требало трудољубиво да ги проповедате добрите вести, бидејќи иако луѓето биле доволно зли да отидат во Пеколот, вие би требало да им овозможите да имаат повеќе можности да го примат спасението, преку вашата работа.

Секое чедо Божјо е должник на евангелието и ја има обврската да го шири. На Судниот Ден, Бог ќе ве праша дали некогаш сте му го проповедале евангелието на вашето семејство, вклучувајќи ги тука вашите родители, браќа и сестри, вашите роднини итн. „Зошто не им го проповедавте евангелието на вашите родители и браќа?" „Зошто не им го проповедавте евангелието на вашите деца?" „Зошто не им го проповедавте евангелието на вашите пријатели?" итн.

Затоа вие треба секојдневно да им ги ширите добрите вести на луѓето, доколку навистина ја сфаќате љубовта на Бога, кој што дури и го жртвуваше Неговиот еден и единствен Син и доколку навистина ја познавате љубовта на Господа, кој што умрел на крстот заради нас.

Спасувањето на душите е вистинскиот начин да се изгаси жедта на Господа кој што извикнал на крстот, „Жеден сум," и да се исплати цената за крвта Господова.

## 2. Неродени Бебиња Од Абортус Или Пометнување

Која е судбината на неродените бебиња кои што умираат од пометнувањето, пред да се родат? По физичката смрт, духот на човечкото суштество е предодреден да оди или на небесата или во Пеколот, бидејќи духот на човечкото суштество, иако е толку млад, не може да биде уништен.

**Духот Се Доделува Пет Месеци По Зачнувањето**

Кога му се доделува духот на фетусот? Духот не му се доделува на фетусот сѐ до шестиот месец на бременоста.

Според медицинската наука, пет месеци по зачнувањето кај фетусот се создаваат органите за слух, очите и очните капаци. Деловите на мозокот кои што го активираат дејствувањето на церебрумот исто така се формираат пет до шест месеци по зачнувањето.

Кога фетусот има шест месеци, му се доделува духот и тогаш тој практично ја има формата на човечко суштество. Фетусот не оди во Пеколот или во небесата кога е пометнат, пред на истиот да му биде даден духот, бидејќи фетусот без дух е сличен на животно.

Еклезијаст 3:21 кажува, *„Кој знае дали духот на луѓето се качува нагоре, а духот на животните слегува надолу, во земјата?"* „Духот на луѓето" тука индицира што е комбинирано со човечкиот дух кој што му бил даден од Бога и кој што го води кон потрагата за Бога и неговата душа која што предизвикува да тој размислува и да го почитува словото Божјо, додека „духот на животните" се однесува само на душата, имено на системот што наведува на мислење и на дејствување.

Едно одредено животно ќе исчезне кога ќе умре, бидејќи тоа ја има само душата но го нема духот. Фетусот кој што е помал од пет месеци во бременоста, нема дух. Затоа ако умре, ќе исчезне на истиот начин како и животните.

## Абортусот Е Тежок Грев Како Убиство

Дали тогаш претставува грев да се абортира фетус кој што е помал од пет месеци, бидејќи во него нема дух? Вие не би требало да го извршите гревот на абортирање на фетусот, без разлика на времето кога му се доделува духот на фетусот, имајќи на ум дека Бог самиот управува со човечкиот живот.

Во Псалм 139:15-16, Псалмистот запишал, *„Ниедна моја коска не се сокрива од Тебе, која што си ја создал тајно, вешто искована во длабочините на земјата. Твоите очи го имаат видено зародишот мој и во Книгата Твоја сѐ е запишано за мене, дури и деновите мои се забележани кога сеуште не постоел ниту еден од нив."*

Богот на љубовта го познавал секого од вас уште пред да

бидете оформени во матката на вашата мајка и имал извонредни идеи и планови за вас, кои што ги запишал во Неговата книга. Поради тоа едно човечко суштество, кое што е само обично создание Божјо, не може да го контролира животот на фетусот дури иако тоа е помало од пет месеци.

Абортирањето на фетусот е исто што и извршувањето на убиство, бидејќи вие тогаш ја прекршувате власта на Бога, кој што управува со животот, смртта, благословите и клетвите. Покрај тоа, како можете да се осмелите да тврдите дека се работи за неважен грев кога го убивате вашиот сопствен син или ќерка?

## Следи Отплатата За Гревовите И Искушенијата

Ниту под било какви околности и без разлика на тоа каква потешкотија тоа може да ви претставува, вие никогаш не би требало да го нарушите суверенитетот на Бога врз човечкиот живот. Уште повеќе, не е соодветно да го абортирате вашето дете во потрагата по задоволството. Морате да сватите дека ќе го пожнеете она што сте го посадиле и дека ќе платите за она што сте го направиле.

Посериозен случај е доколку го абортирате фетусот по шестиот месец на бременоста или пак во уште поодминатата бременост. Тоа е исто што и убивањето на возрасен човек, бидејќи на фетусот веќе му е доделен духот.

Абортусот создава голем ѕид на грев помеѓу вас и Бога. Како резултат на тоа, вие ќе бидете подложни на болките кои што ќе произлезат од различните искушенија и неволји. Постепено, вие ќе се оддалечувате од Бога поради ѕидот на гревот и доколку не го разрешите проблемот со тој грев, на крајот може да бидете толку оддалечени што нема да бидете во можност да се вратите.

Дури и оние кои што не веруваат во Бога ќе бидат казнети и подложени на секакви видови на искушенија и неволји доколку извршат убиство врз фетус, бидејќи тоа претставува убиство. Искушенијата и неволјите секогаш ќе ги следат таквите личности, бидејќи Бог не може да ги заштити и го врти Својот образ од нив, доколку тие не го разрушат ѕидот на гревот.

## Темелно Покајте Се За Вашите Гревови И Срушете Го Ѕидот На Гревот

Бог им ги дал Неговите заповеди на човечките суштества не за да ги осуди, туку за да ја искаже Неговата волја, да ги одведе кон покајанието и да ги спаси.

Бог исто така ви дозволува да ги разберете оние нешта кои што се релевантни за абортусот, за да не го направите овој грев и за да можете да го срушите ѕидот на гревот преку покајувањето на вашите гревови сторени во минатото.

Доколку сте абортирале некое ваше дете во минатото, задолжително темелно покајте се и срушете го ѕидот на гревот, преку давањето на прилог за мир.

Тогаш искушенијата и неволјите ќе исчезнат, бидејќи Бог веќе нема да ги памети вашите гревови.

Тежината на гревот се разликува од еден до друг случај, кога вршите абортус врз вашето дете. На пример, доколку извршите абортус врз вашето дете бидејќи сте останале бремена при силување, вашиот грев ќе биде релативно лесен. Доколку еден брачен пар изврши абортус врз нивното несакано дете, нивниот грев ќе биде многу потежок.

Доколку од различни причини не сакате да имате дете, вие тогаш треба во молитва да го посветите детето во вашата утроба, на Бога. Во таков случај, ако Бог не дејствува во согласност со вашата молитва, вие треба да го родите вашето дете.

## Најголем Број Од Абортираните Деца Се Спасени Но Постојат И Исклучоци

Шест месеци по зачнувањето, фетусот, иако му е доделен дух, не може разумно да размислува, да сфаќа или да верува во нешто според својата сопствена волја. Затоа Бог ги спасува најголемиот број од фетусите кои умираат во овој период без оглед на нивната вера или верата на нивните родители.

Забележете дека кажав „најголем број" – не „сите" – од фетусите, бидејќи во ретки случаи, фетусот може да не биде спасен.

Може да се случи да фетусот ја наследи грешната природа на своите родители, од самиот моментот на зачнувањето, доколку неговите родители или прататковци во голема мерка грешеле против Бога и ределе зло врз зло. Во тој случај, фетусот не може да биде спасен.

На пример, тоа може да биде дете на волшебник или дете на зли родители кои што колнеле и им посакувале само зло на другите луѓе, како што била Хи-бих Јанг* во историјата на Кореја (*Белешка на уредникот: госпоѓата Јанг му била конкубина на Кралот Сук-јонг кон крајот на седумнаесеттиот век, која поради љубомора ја проколнала Кралицата). Таа ја проколнала својата конкурентка така што и го продупчила портретот на конкурентката со стрели, во чинот на исклучителна љубомора. Децата од таквите зли родители не можат да бидат спасени, бидејќи и тие ја наследуваат злата природа на нивните родители.

Постојат исто така исклучително грешни луѓе и помеѓу оние кои што тврдат дека веруваат. Таквите луѓе се спротивставуваат, донесуваат погрешни судови, осудуваат и ја попречуваат работата на Светиот Дух. Во љубомората, тие исто така се обидуваат да го убијат оној кој што го прославува името на Бога. Доколку децата од таквите родители се пометнати, тие не можат да бидат спасени.

Со исклучок на таквите ретки случаи, најголем број од неродените деца се спасени. Сепак, тие не можат да влезат во небесата, ниту во Рајот бидејќи тие воопшто не биле култивирани на оваа земја. Тие ќе живеат во Горниот Гроб дури и по Судот на Големиот Бел Престол.

## Вечното Место За Спасените Неродени Бебиња

Фетусите кои што биле абортирани околу шестиот месец

од бременоста или подоцна, во Горниот Гроб наликуваат на празниот лист од хартија, бидејќи тие не биле култивирани на земјата. Затоа, тие ќе останат во Горниот Гроб и ќе го формираат телото соодветно за нивните души, во времето на воскресението.

Тие ќе формираат тело кое што ќе се менува и ќе расте, спротивно на она од другите спасени луѓе кои што се со духовно и вечно тело. Затоа иако тие отпрвин ќе бидат во форма и облик на деца, со време тие ќе раснат сѐ додека не ја достигнат соодветната фаза.

Овие деца дури откако ќе израснат, ќе останат во Горниот Гроб, исполнувајќи ги нивните души со вистината. Би можеле полесно да го сватите ова доколку помислите на Адамовата почетна фаза во Градината Едемска и на неговиот процес на учење.

Адам бил составен од дух, душа и тело, кога бил создаден како живо суштество. Сепак неговото тело било поинакво од духовното, воскреснато тело и неговата душа била без никакво знаење, како душата на новородено бебе. Затоа Самиот Бог лично му го предал на Адама духовно знаење, чекорејќи со него во текот на прилично долг временски период.

Вие би требало да знаете дека Адам во Градината Едемска бил создаден без никакво зло во него, но душите во Горниот Гроб не се толку добри како што бил Адам, бидејќи тие веќе ја имаат наследено грешната природа од нивните родители, кои што ја доживувале човечката култивација низ повеќе генерации.

Уште од времето на Адамовиот Пад, сите неговите наследници, од тој миг па натаму, го наследиле првобитниот грев од нивните родители.

## 3. Деца Од Раѓање До Петгодишна Возраст

Како можат децата до петгодишна возраст кои што не можат да кажат што е добро или лошо и кои што сеуште не можат да ја осознаат верата, да бидат спасени? Спасението на децата од оваа возраст зависи од верата на нивните родители – особено, од нивните мајки.

Едно дете може да го прими спасението доколку неговите родители ја имаат таквата вера за да бидат спасени и доколку го одгледуваат нивното дете во верата (1 Коринтјани 7:14). Сепак не е точно дека детето не може безусловно да биде спасено, само поради тоа што родителите на детето ја немале верата.

Тука можете повторно да ја искусите љубовта на Бога. Битие 25 ни покажува дека Бог однапред знаел дека во иднината Јаков ќе биде поголем од неговиот постар брат Исаф, кога тие меѓусебно се бореле во матката на нивната мајка. Сезнајниот Бог ги води кон спасението сите деца кои што умираат пред да наполнат пет години, во согласност со судот на совеста. Сето тоа е можно, бидејќи Бог знае дали децата би го прифатиле Господа, доколку би ги надживеале тие години, кога би го слушнале евангелието, подоцна во нивните животи.

Сепак децата чии што родители ја немаат верата и кои што нема да го поминат судот на совеста, исто така неизбежно ќе паднат во Долниот Гроб кој што му припаѓа на Пеколот и таму ќе бидат измачувани.

### Судот На Совеста И Верата На Нивните Родители

Спасението на децата во голема мерка зависи од верата на нивните родители. Затоа родителите треба да ги одгледуваат своите деца во согласност со волјата Божја, за да не се случи да нивните деца завршат во Пеколот.

Пред долго време, еден брачен пар кој што немал деца добил дете преку молитвата упатена до Бога. Сепак, детето прерано загинало во сообраќајна несреќа.

Во мојата молитва можев да ја најдам причината за смртта на нивното дете. Сето тоа се случи така, бидејќи верата на родителите се излади и тие се оддалечија од Бога. Детето не можеше да оди во детска градинка поврзана со црквата, бидејќи неговите родители му се оддадоа на световниот начин на живот. Како резултат на тоа, детето започнало да пее световни песни наместо песни во кои што се слави Бог.

Во тоа време, детето ја имаше верата да го прими спасението, но тоа не можеше да биде спасено доколку раснеше под влијанието на неговите родители. Во тој случај Бог, преку сообраќајната несреќа, го повика детето во вечниот живот и им ја даде можноста на неговите родители, да се покајат. Ако родителите можеле да се покајат и да се вратат кон Бога без да го видат насилното убиство на нивното дете, Тој немаше да ја превзема таа мерка.

## Одговорноста На Родителите За Духовниот Развој На Децата

Верата на родителите има директно влијание врз спасението на нивните деца. Верата на децата не може добро да се развива, доколку нивните родители не се грижат за духовниот раст на нивните деца, оставајќи да нивните деца само го посетуваат Неделното училиште.

Родителите мораат да се молат за нивните деца, да проверуваат дали тие секогаш обожуваат во духот и во вистинитото срце и да ги подучуваат да водат еден молитвен живот дома, со тоа што ќе им бидат добри примери.

Јас ги охрабрувам сите родители да бидат будни во нивната сопствена вера и да ги одгледуваат нивните сакани деца во Господа. Ве благословувам вас и вашето семејство, да можете заедно да уживате во вечниот живот на небесата.

## 4. Деца Од Шестгодишна Возраст До Предтинејџерски Години

Како може децата од шестгодишна возраст до предтинејџерски години – околу дванаесет години – да бидат спасени?

Овие деца можат да го разберат евангелието кога ќе го слушнат и исто така можат да решат во што да веруваат, во согласност со нивната сопствена слободна волја и размисли, можеби не целосно но барем до некоја одредена мерка.

Возраста на децата што е тука одредена, секако дека може да биде донекаде различна, бидејќи секое дете расте, се развива и созрева со различно темпо. Битен фактор е што вообичаено на оваа возраст, децата можат да веруваат во Бога според нивната сопствена волја и мисли.

## Според Нивната Сопствена Вера Без Оглед На Верата На Нивните Родители

Децата над шест години до дванаесет години имаат добро чувство да ја изберат верата. Затоа тие можат да бидат спасени според нивната сопствена вера, без оглед на верата на нивните родители.

Затоа вашите деца можат единствено да одат во Пеколот, доколку вие не ги одгледате во верата, па дури и ако вие самите можеби ја имате силната вера. Постојат деца чии што родители се неверници. Во таквиот случај, многу потешко ќе биде за таквите деца да го примат спасението.

Причината зошто го издвојувам спасението на децата пред пубертетските години од тоа на децата во попубертетските години е во тоа што, преку изобилната и сеопфатната љубов на Бога, судот на совеста може да се примени на првата група.

Бог може да им ја даде уште едната можност на овие деца

да го примат спасението, бидејќи децата на оваа возраст не можат во потполност да решаваат за нештата според нивната сопствена слободна волја и мисли, бидејќи тие се сеуште под влијанието на нивните родители.

Добрите деца го прифаќаат Господа кога ќе го слушнат евангелието и го примаат Светиот Дух. Тие исто така присуствуваат на службите во црквата, но подоцна нема да бидат во можност да продолжат да одат во црквата, бидејќи ќе бидат подложени на сериозните казни од нивните родители, кои што ги обожуваат идолите. Сепак, до нивните рани тинејџерски години, тие можат да изберат што е правилно и што е погрешно во согласност со нивната сопствена волја, без оглед на насочувањето на родителите. Тие можат да си ја одржат нивната вера доколку вистински веруваат во Бога, без разлика колку жестоко може да биде противењето и осудата од нивните родители.

Да претпоставиме дека едно дете кое што можело да ја има силната вера, доколку му било допуштено подолго да живее, но умира младо. Што тогаш ќе му се случи нему? Бог ќе го поведе кон спасението во согласност со законот на судот на совеста, бидејќи Тој ја знае длабочината на детското срце.

Сепак, доколку детето не го прифати Господа и не го помине судот на совеста, тоа нема да има друга шанса и неизбежно ќе заврши во Пеколот. Понатаму, се подразбира дека спасението на луѓето кои што ги поминале пубертетските години, во потполност зависи од нивната сопствена вера.

## Децата Родени Во Лошо Опкружување

Спасувањето на едно дете кое што не може да донесува логички и издржани одлуки, во голема мерка зависи од духовите (природата, енергијата, или силата) на родителите и прататковците.

Едно дете може да биде родено со некакво ментално нарушување или да биде опседнато од демони од многу рана возраст, поради изопаченоста и идолопоклонството на неговите прататковци. Сето тоа се случува на тој начин, бидејќи потомците се под влијанието на нивните родители и на прататковците.

Земајќи го ова во предвид, Повторени Броеви 5:9-10 не опоменува со следните стихови:

> *Не им се клањај и не им служи; зашто Јас сум ГОСПОД, твојот Бог, љубоморен Бог кој што за греговите на татковците, им ги казнувам децата до третото и четвртото колено и Кој што покажува милост до илјадници поколенија кон оние кои што Ме сакаат и ги пазат заповедите Мои.*

1 Коринтјани 7:14 исто така бележи „*Зашто маж што не поверувал се осветува преку жената која што верувала, и жената што не поверувала се осветува преку мажот, кој што верувал; инаку децата ваши би биле нечисти, а сега се свети.*"

Па така значи дека многу е тешко децата да бидат спасени, доколку нивните родители не живеат во верата.

Бидејќи Бог е љубовта, Тој не го одвраќа Неговиот образ од оние кои што го повикуваат Неговото име, дури иако тие можеби се родиле со грешната природа наследена од нивните родители и прародители. Тие можат да бидат одведени кон спасението бидејќи Бог им одговара на нивните молитви, кога тие се покајуваат, се обидуваат да живеат според Неговото слово и постојано го повикуваат Неговото име.

Евреите 11:6 ни кажува *„А без верата не е возможно да Му се угоди на Бога; бидеќи тој кој што доаѓа при Бога, треба да верува дека Тој постои и дека ги наградува оние, кои што Го бараат."* Иако некои луѓе се раѓаат со зла природа, Бог им ја менува нивната природа во добра и ги поведува кон небесата, кога ќе му угодат преку добрите дела и жртвите во верата.

## Оние Кои Што Самите Не Можат Да Го Бараат Бога

Некои луѓе не можат да го бараат Бога во верата, бидејќи имаат некои психички болести или бидејќи се опседнати од демоните. Што тогаш, би требало тие да направат?

Во таквиот случај, нивните родители или членови на семејството мораат да прикажат соодветно количество на вера во името на овие луѓе, пред Бога. Богот на љубовта тогаш, гледајќи ја нивната вера и искреност, ќе ја отвори вратата на спасението.

Родителите се оние кои што треба да се обвинат за судбината на нивното дете, доколку детето умре пред да ја добие можноста да го прими спасението. Затоа јас ве охрабрувам да разберете дека живеењето во верата е многу важно не само за самите родители туку и за нивните деца.

Вие исто така треба да го разберете срцето на Бога кој што смета дека една душа е поскапоцена од целиот свет. Ве охрабрувам да ја имате изобилната љубов за да се погрижите не само за вашите деца, туку исто така и за децата на вашите соседи и роднини, во верата.

## 5. Дали Беа Спасени Адам и Ева?

Адам и Ева беа протерани на земјата, откако во чинот на непочитувањето, пробаа од дрвото на познавањето на доброто и на злото и тие никогаш го немаа слушнато евангелието. Дали Беа тие спасени? Да ви објаснам дали првите луѓе Адам и Ева го примиле спасението.

### Адам И Ева Не Го Послушаа Бога

На почетокот, Бог ги создаде првите луѓе Адам и Ева, по Неговиот сопствен образ и многу си ги сакаше. Бог однапред ги подготвил сите нешта за нивното изобилно живеење и ги повел кон Градината Едемска. Таму на Адама и на Ева ништо не им недостасувало.

Уште повеќе, Бог му ја дал на Адам големата сила и власт

да управува со сите нешта во универзумот. Адам управувал со сите живи нешта на земјата, на небото и под водата. Непријателот Сатаната и ѓаволот не се осмелувале да влезат во Градината, бидејќи таа била чувана и заштитувана под водството на Адама.

Чекорејќи со нив, Самиот Бог ги образувал со духовно образование најблаго што е можно – на начинот на кој што еден татко би ги поучувал своите сакани чеда, почнувајќи од А до Ш. На Адама и на Ева не им недостасувало ништо, но тие биле искушани од лукавата змија и пробале од забранетото овошје.

Во согласност со словото Божјо дека тие сигурно ќе умрат, тие морале да ја искусат смртта (Битие 2:17). Со други зборови иако тие биле живи духови, нивниот дух умрел. Како резултат на тоа, тие биле истерани на земјата од прекрасната Градина Едемска. Човечката култивација започнала на оваа проколната земја и во исто време, сите нешта на неа биле исто така проколнати.

Дали Адам и Ева биле спасени? Некои луѓе можби ќе помислат дека тие не можеле да го примат спасението бидејќи сите нешта биле проколнати и нивните потомци страдале поради нивната непослушност. Сепак Богот на љубовта ја оставил отворена вратата на спасението, дури и за нив.

### Адамовото И Евиното Силно Покајување

Бог ќе ви прости ако се покаете со сето свое срце и се вратите кон Него дури и ако сте премачкани со сите видови на првобитниот грев и со тековни гревови направени при живеењето во овој свет исполнет со темнината и злото. Бог ќе ви прости ако се покаете од длабочината на вашето срце и ако се свртите кон Него, дури и ако сте биле убиец.

Вие би требало да знаете дека Адам и Ева, споредено со денешните луѓе, имале навистина чисти и добри срца. Понатаму, Самиот Бог со нежна љубов ги подучувал во текот на долг временски период. Тогаш како Бог би можел да ги испрати Адама и Ева во Пеколот, без да им прости, откако тие веќе се покајале од длабочините на нивните срца?

Адам и Ева страдале многу додека биле култивирани тука на земјата. Тие можеле мирно да живеат и засекогаш да јадат од разните видови на плодови кога и да посакале во Градината Едемска; а сега тука на земјата, тие не можеле да се нахранат без трудот и потта на нините чела. Ева ги раѓала децата низ големи болки. Тие ги лееле солзите и тагувале поради нивните гревови. Адам и Ева исто така доживеале да видат како едниот од нивните синови ќе биде убиен од другиот.

Колку многу мора да им недостасувал нивниот живот под заштитата и љубовта Божја во Градината Едемска, кога тие ги доживувале такви страдања во овој свет? Кога тие живееле во Градината, тие не ја сваќале нивната среќа и не му благодареа на Бога бидејќи го прифаќаа животот во изобилието, здраво за готово.

Сепак тие сега можеле да согледаат колку среќни биле тогаш и да почнат да му благодарат на Бога за непресушната љубов која што Тој им ја давал. На крајот, тие темелно се покајале за нивните гревови во минатото.

## Бог Ја Отворил Вратата На Спасението За Нив

Платата за гревот е смртта, но Богот кој што управува преку љубовта и праведноста, им ги проштева гревовите на луѓето кога тие темелно ќе се покајат.

Богот на љубовта им допуштил на Адама и Ева да влезат во небесата, откако го примил нивното покајување. Сепак, бидејќи Господ Бог е исто така праведен, бидејќи едвај да биле спасени, им било дозволено да живеат во Рајот. Нивниот грев – отфрлањето на силната љубов Божја – не бил воопшто безначаен. Адам и Ева, поради нивното непочитување станале одговорни за започнувањето со човечката култивација, како и за страдањата, болката и смртта на нивните потомци,.

Иако по провидението Божјо им се дозволило на Адама и на Ева да пробаат од дрвото на познавањето на доброто и злото, ова суштинско дело на непослушноста одвело безброј луѓе во страдање и смрт. Затоа Адам и Ева не можеле да влезат на подоброто место на небесата, освен во Рајот и се разбира дека тие не можеле ниту да примат никакви славни награди.

## Бог Дејствува Со Љубов И Праведност

Да помислиме на Божјата љубов и праведност преку случајот на апостолот Павле.

53

Апостолот Павле бил главниот водач на прогонувачите против верниците на Исуса, кој што ги затворал сѐ додека и самиот не го запознал Исуса на еден прав начин. Кога Стефан станал маченик посведочувајќи го Господа, Павле го гледал Стефана како е каменуван до смрт и го сметал сето тоа за исправно.

Сепак Павле го сретнал и го прифатил Господа на патот за Дамаск. Господ тогаш му кажал дека тој ќе им биде апостол на Незнабошците и дека силно ќе страда. Тогаш апостолот Павле темелно се покајал и го посветил остатокот од својот живот на Господа.

Тој можел да влезе во Новиот Ерусалим бидејќи со радост ја извршил мисијата, без да обрне внимание на силните страдања и бидејќи бил доволно верен да се откаже од својот живот, за Господа.

Природен закон на овој свет е да го пожнеете она што сте го посадиле. Истиот случај е и кај духовниот свет. Ќе пожнеете добрина ако сте посеале добрина и ќе пожнеете зло ако сте посеале зло.

Како што можете да видите низ Павловиот случај, вие морате да го браните вашето срце, да останете будни и да имате на ум дека ќе ве следат искушенија за вашите зли дела во минатото, иако можеби ви е простено за нив, преку искреното покајување.

# 6. Што Се Случи Со Првиот Убиец Каин?

Што му се случило на првиот убиец Каин, кој што умрел без воопшто да го чуе евангелието? Да провериме дали тој бил или не бил спасен преку судот на совеста.

## Браќата Каин и Авел му принеле жртва сѐпаленица на Бога

Адам и Ева изродиле деца тука на земјата откако биле истерани од Градината Едемска: Каин бил нивниот прв син, а Авел бил помладиот брат на Каин. Кога тие пораснале, тие му принеле прилог на Бога. Каин донел некои од плодови на земјата како жртвата за Бога, но Авел пак донел масни делови од некои од неговите првородени животни во стадото.

Бог со одобрение погледнал кон Авела и кон неговиот прилог, но не и кон Каина и кон неговиот прилог. Зошто тогаш Бог погледнал со одобрение кон Авела и кон неговиот прилог?

Вие не смеете да принесувате прилог кон Бога кој што би бил против Неговата волја. Според законот на духовниот свет, вие би требало да го прославувате Бога преку крвта на жртвата со која што можат да се простат гревовите. Затоа, во времето на Стариот Завет, луѓето жртвувале овнови или јагнижа за да го прославуваат Бога, а во времето на Новиот Завет, Исус, Јагнето Божјо станал искупителна жртва, преку пролевањето на Неговата крв.

Бог со задоволство ве прифаќа, ви одговара на вашите молитви, и ве благословува, кога вие го прославувате Него преку жртвената крв, или поинаку кажано, само кога го славите Него во духот. Духовната жртва значи славењето на Бога во духот и во вистината. Бог нема со задоволство да го прифати вашето славење ако вие дремете или пак размислувате за некои други нешта, за време на пренесувањето на пораката во црковните служби.

## Бог Со Наклонетост Погледнал Само Кон Авела И Кон Неговиот Прилог

Природно било дека Адам и Ева многу добро го познавале духовниот закон за принесувањето на жртвата сѐпаленица, бидејќи Бог, низ еден долг временски период додека чекорел со нив, ги научил за законот во Градината Едемска. Секако дека тие сигурно морале да ги подучуваат нивните деца како му ја да дадат соодветна жртва на Бога.

Од една страна, Авел го прославувал Бога преку жртвената крв, повинувајќи му се на учењето на своите родители. Од друга страна пак, Каин не му принел жртвен прилог на Бога, туку како жртва донел некои од плодовите на земјата, според некои негови сваќања.

Имајќи го ова во предвид, Евреи 11:4 кажува, „*Според вера Авел Му ја принесе на Бога подобрата жртва отколку Каин; преку неа тој го добил сведоштвото дека е праведен. Бог посведочил за неговите дарови, и преку верата, иако е мртов, сеуште зборува.*"

Господ го прифатил Авеловиот прилог, бидејќи тој духовно го прославувал Бога, повинувајќи и се на Неговата волја, во верата. Сепак Бог не го прифатил Каиновиот прилог, бидејќи тој не го славел Него во духот, туку го прославувал во согласност со некои свои сопствени стандарди и методи.

## Каин Од Завист Го Убил Авела

Гледајќи дека Бог ја прифатил само жртвата на неговиот брат а не и неговата, Каин бил навистина лут и лицето му било потиштено. На крајот, тој дури и го нападнал Авела и го убил.

Во рамките на само една генерација откако започнала човечката култивација на оваа земја, непочитувањето ја зачнало зависта, зависта ја зачнала алчноста и омразата, а алчноста и омразата резултирале во убиство. Колку ли е сето ова ужасно?

Можете да видите колку бргу луѓето ги контаминираат своите срца со гревот, откако еднаш тој ќе навлезе во нивните срца. Затоа не би требале да дозволите дури ниту некој тривијален грев да навлезе во вашето срце, туку веднаш да го отстраните.

Што му се случило на првиот убиец Каин? Некои луѓе спорат дека Каин не можел да биде спасен бидејќи си го убил праведниот брат Авел.

Каин, преку неговите родители, знаел кој е Бог. Споредено со денешните луѓе, луѓето од времето на Каина, од нивните родители го наследувале релативно лесниот првобитен грев. Каин, иако во мигот на зависта го убил својот брат, бил исто така чист во неговата совест.

Затоа, иако извршил убиство, Каин можел да се покае преку казните Божји и Бог да ја покаже милоста кон него.

### Каин Бил Спасен По Темелното Покајание

Во Битие 4:13-15, Каин длабоко го моли Бога, кажувајќи дека неговата казна е навистина тешка и ја побарува Неговата милост, бидејќи станал проколнат и непрестаен скитник на земјата. Бог му одговорил, *„Бидејќи кој што ќе го убие Каина, седум пати ќе се казни"* и Бог му ставил знак на Каина, за да не го убие никој.

Тука вие морате да сватите колку темелно Каин се покајал, откако го убил неговиот брат. Само тогаш, тој можел да го добие начинот да општи со Бога и да Бог му го стави знакот како белегот на Неговата прошка. Ако Каин бил загубен и предодреден да заврши во Пеколот, зошто тогаш Бог би го слушал неговото молење и би го ставал знак врз него?

Каин морал да биде вечниот скитник низ земјата, како казната за убиството на неговиот брат, но на крајот сепак го примил спасението, преку покајувањето за неговиот грев. Сепак, како во примерот на Адама, Каин едвај да бил спасен и затоа му било допуштено да живее во најниското ниво – дури не и во центарот – во Рајот.

Богот на правдата, не можел да дозволи Каин да влезе на

подобро место на небесата освен во Рајот, без оглед на неговото покајување. Иако Каин живеел, споредено со сега, во многу почисто и понегрешно време, тој сепак бил доволно злобен за да си го убие сопствениот брат.

Можеби Каин можел да влезе на некое подобро место на небесата доколку си го култивирал своето зло срце во добро срце и да направил сé што може да му угоди на Бога, со сета своја сила и со сето свое срце. Сепак Каиновата совест не била толку добра и чиста.

### Зошто Бог Веднаш Не Ги Казнува Злите Луѓе?

Кога го водите животот во верата, можеби ќе се запрашате многу прашања. Некои луѓе се навистина злобни но сепак Бог не ги казнува. Други пак страдаат од болестите или умираат, поради нивната злоба. Сепак некои луѓе умираат многу млади, иако изгледа дека му биле верни на Бога.

На пример, Кралот Саул бил доволно зол во срцето за да се обиде да го убие Давида иако знаел дека самиот Бог го има помазано Давида. Сепак, Бог го остави Кралот Саул неказнет. Како резултат на сето тоа, Саул дури уште повеќе го прогонувал Давида.

Ова бил еден пример за провидението на љубовта Божја. Бог сакал да го обучи Давида, да го направи голем сад и најпосле да го направи и крал преку злиот Саул. Затоа Кралот Саул умрел кога завршила обуката Божја врз Давида.

Исто така, во зависност од поединецот, Бог или веднаш ги казнува луѓето или пак им дозволува да живеат неказнети.

Сето тоа го содржи провидението и љубовта на Бога.

## Вие Би Требале Да Копнеете За Подоброто Место На Небесата

Во Јован 11:25-26, Исус кажал, *„Јас сум воскресението и животот; оној кој што верува во Мене ќе живее иако ќе умре, и секој, кој што живее и верува во Мене, никогаш нема да умре. Дали веруваш во тоа?"*

Оние луѓе кои што го примиле спасението преку прифаќањето на евангелието, сигурно ќе воскреснат, ќе се облечат во духовно тело и ќе уживаат во вечната слава на небесата. Оние кои што се сеуште живи на земјата ќе бидат подигнати во облаците за да се сретнат со Господа во воздухот, кога Тој ќе слезе од небесата. Колку повеќе наликувате на образот Божји, толку подобро место на небесата ќе добиете.

За ова нешто, Исус ни кажува во Матеј 11:12 *„А од деновите на Јована Крстител па до сега, кралството небесно трпи насилство и насилните луѓе го грабаат насила."* Исус ни дава уште едно ветување во Матеј 16:27, *„Бидејќи Синот Човечки ќе дојде во славата на Својот Отец, со ангелите Негови и тогаш ќе му даде на секого според делата негови."* 1 Коринтјани 15:41 исто така забележува *„Една е славата на сонцето; друга е славата на месечината, а друга е пак славата на ѕвездите; па и ѕвезда од ѕвезда по славата се разликува."*

Вие не можете а да не копнеете за подоброто место на небесата. Вие морате да се обидете да станете поосветени и поверни во целиот Божји дом, за да ви биде дозволено да влезете во Новиот Ерусалим, каде што се наоѓа Престолот Божји. Налик на земјоделецот на жетвата, Бог сака да одведе колку што е можно поголем број на луѓе во подоброто Кралство Небесно, преку човечката култивација на земјата.

## Вие Треба Добро Да Го Познавате Духовниот Свет За Да Влезете На Небесата

Луѓето кои што не го познавале Бога и Исуса Христа многу тешко можат да влезат во Новиот Ерусалим, дури и да биле спасени преку судот на совеста.

Постојат луѓе кои што немаат јасно познавање за провидението на човечката култивација, за срцето на Бога и за духовниот свет, иако го имаат слушнато евангелието. Затоа тие ниту знаат дека силните можат да го грабнат кралството небесно, ниту пак имаат некаква надеж за Новиот Ерусалим.

Бог ни кажува *„Биди верен до самата смрт и ќе ти ја дадам круната на животот"* (Откровение 2:10). Бог изобилно ќе ве награди на небесата во согласност со она што сте го посеале. Наградата е многу скапоцена бидејќи е трајна и останува вечно славна.

Кога ќе го имате ова на ум, ќе можете добро да се подготвите себеси, како убавата невеста на Господа, налик на петте мудри девици и да го постигнете целосниот дух.

1 Солуњани 5:22-23 пишува, *„А сега Самиот Бог на*

*мирот да ве освети наполно во сé и целиот ваш дух, душа и тело да се зачуваат безпорочни, при доаѓањето на нашиот Господ Исус Хриистос."*

Затоа морате трудољубиво да се украсите себеси како навестата на Господа и да го достигнете целиот дух пред враќањето на Господа Исуса Христа, или пак пред да Бог ви ја земе вашата душа, што и да се случи прво.

Не е доволно само да се доаѓа во црквата секоја недела и да се исповеда, „Јас верувам." Вие морате да се ослободите од секаквиот вид на зло и да бидете верни во целиот Божји дом. Колку повеќе му угодувате на Бога, во толку подобро место на небесата ќе можете да влезете.

Ве охрабрувам да станете вистинско чедо Божјо, знаејќи го ова знаење. Се молам во името на Господа вие не само да чекорите со Господа тука на земјата, туку исто така и вечно да живеете што поблиску до Престолот Божји на небесата.

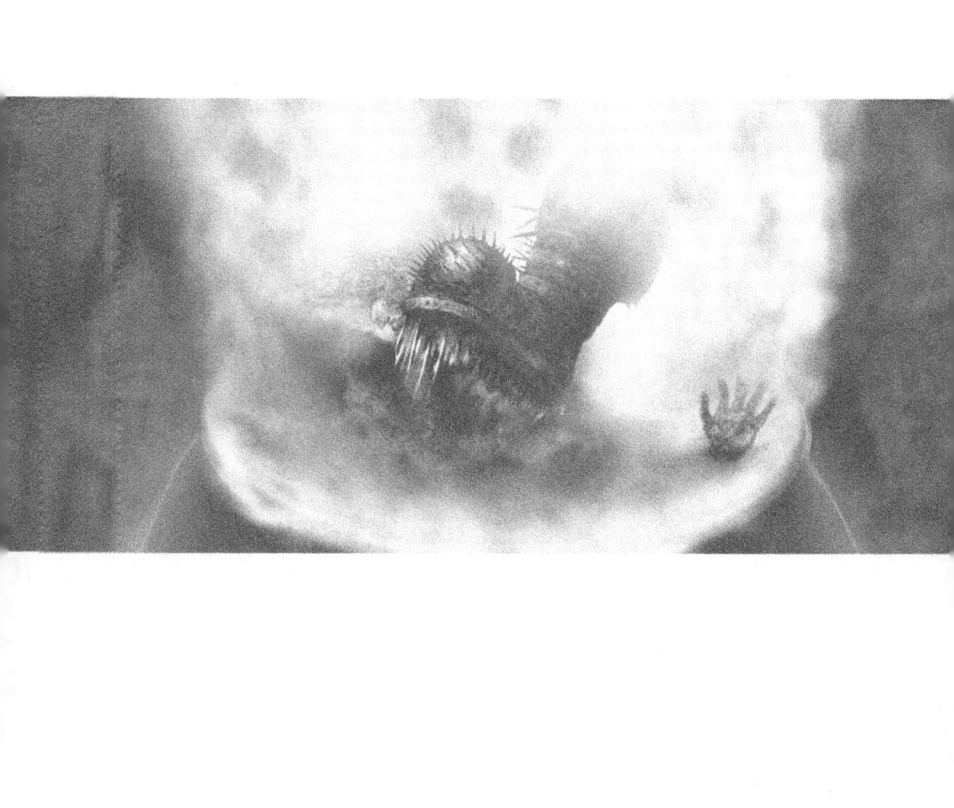

*Глава 3*

## Долниот Гроб И Идентитетот На Гласниците На Пеколот

1. Гласниците На Пеколот Ги Водат Луѓето Во Долниот Гроб
2. Местото За Чекање Во Светот На Злите Духови
3. Различни Казни За Различни Гревови Во Долниот Гроб
4. Луцифер Е Одговорен За Долниот Гроб
5. Идентитетот На Гласниците На Пеколот

„Зашто ако Бог не ги поштеди
ниту ангелите кои што згрешија,
туку ги турна во пеколот предавајќи
ги на темните јами,
сочувани за судот."
- 2 Петар 2:4 -

„Грешниците ќе се вратат во Шеол,
дури и сите народи кои што
го заборавиле Бога."
- Псалм 9:17 -

Секоја година во времето на жетвата земјоделците се радосни, очекувајќи добар род. Сепак тешко им е постојано да жнеат првокласно жито иако работат напорно ден за ден, ноќ за ноќ, ставајќи ѓубриво, исфрлајќи го плевелот, итн. Помеѓу житото ќе се најде и второкласна, третокласна пченица па дури и нешто плева.

Луѓето не можат да ја јадат плевата како храна. Освен тоа, плевата не може да се собира заедно со житото, бидејќи ќе го расипе житото. Затоа земјоделецот ја собира плевата и ја согорува или ја користи како ѓубриво.

Исто е и со човечката култивација која што од Бога се спроведува тука на земјата. Бог ги бара вистинските чеда кои што исто така го имаат светиот и совршен образ на Бога. Сепак постојат некои луѓе кои што не се ослободуваат темелно од нивните гревови, или пак некои други кои што се потполно опфатени од злото и ја губат човечката должност. Бог ги сака светите и вистински чеда но Тој исто така ги собира на небесата дури и оние луѓе кои што умреле пред потполно да се ослободат од нивните гревови, бидејќи се обидувале да живеат во верата.

Од една страна, Бог не ги испраќа луѓето во ужасниот Пекол доколку тие ја имаат верата со големината на синапово семе, за да се потпрат на крвта на Исуса Христа без оглед на Неговата првобитна цел, да ги култивира и собере само вистинските чеда. Од друга страна пак, оние кои што не веруваат во Исуса Христа и до крајот се борат против Бога, ја немаат другата опција освен да паднат во Пеколот, бидејќи го избрале патот на уништувањето преку злото кое што им се наоѓа во нив.

Како тогаш, неспасените души ќе бидат одведени во Долниот Гроб и како ќе бидат казнети таму? Детално ќе ви го објаснам Долниот Гроб што му припаѓа на Пеколот и идентитетот на гласниците на Пеколот.

## 1. Гласниците На Пеколот Ги Водат Луѓето во Долниот Гроб

Од една страна, кога ќе умре еден човек кој што е спасен преку верата, доаѓаат два ангела за да го одведат до Горниот Гроб, кој што им припаѓа на небесата. Во Лука 24:4, можеме да прочитаме за два ангела кои што го чекаат Исуса по Неговиот погреб и воскресението. Од друга страна пак, кога ќе умре еден неспасен човек, доаѓаат два гласника на Пеколот за да го одведат во Долниот Гроб. Обично е можно да се дознае дали личноста која што е на својот мртовечки одар е спасена или не, преку набљудувањето на изразот на лицето на таа личност.

### Пред Моментот На Смртта

Духовните очи на луѓето се отворени пред моментот на смртта. Личноста умира мирно и со насмевка доколку тој или таа ги гледаат ангелите во светлина, а и нивното мртвото тело не им се вкочанува бргу. Дури и по два или три дена, мртвото тело не се распаѓа, ниту пак шири лоша миризба, а личноста изгледа како да е сеуште жива.

Колку пак ужасно и вознемирувачки мора да се чувствуваат неспасените луѓе, кога ќе ги видат застрашувачките гласници на Пеколот? Тие умираат во огромен страв, неспособни да ги затворат своите очи.

Доколку спасението на личноста не е сигурно, ангелите и гласниците на Пеколот ќе се борат едни со други за да ја одведат таа душа до нивното место. Затоа личноста ќе биде толку многу вознемирена сé до смртта. Колку исплашена и вознемирена би била личноста кога би ги видела гласниците на Пеколот како ги приложуваат обвинувањата кон Него, постојано кажувајќи, „Тој ја нема верата за да биде спасен?"

Кога еден човек со слаба вера ќе биде на неговата смртна постела, луѓето со силната вера треба да му помогнат да ја добие поголемата вера, преку пофалните песни и молитви. Тој тогаш може да го прими спасението на неговата смртна постела доколку ја има верата, иако ќе го прими единствено срамното спасение и ќе заврши во Рајот.

Вие можете да го видите како еден човекот на неговата смртна постела станува смирен бидејќи се здобива со верата да биде спасен, додека луѓето околу него се молат и го прославуваат Бога во негово име. Кога еден човек со силна вера е на својата смртна постела, вие не морате да му помогнете да расте во верата. Подобро е да му ја пружите надежта и радоста.

## 2. Местото За чекање Во Светот На Злите Духови

Од една страна, дури и човек со многу слабата вера може да биде спасен доколку истиот се стекне со вера преку прославувањето и молитвите на неговата смртна постела. Од друга страна пак, доколку тој не е спасен, гласниците на Пеколот го водат кон местото за чекање кое што му припаѓа на Долниот Гроб и тој треба да се прилагоди на светот на злите духови.

Исто како што спасените души имаат тродневен период на прилагодување во Горниот Гроб, неспасените души исто така остануваат три дена во местото за чекање кое што наликува на голема бездна, во Долниот Гроб.

### Три Дена Прилагодување Во Местото За Чекање

Местото за чекање во Горниот Гроб каде што спасените души остануваат во текот на три дена, е исполнето со славењето, мирот и надежта за славниот живот кој што им претстои. Сепак, местото за чекање во Долниот Гроб е во потполна спротивност на првото.

Неспасените души ќе живеат во неиздржливи болки, примајќи ги различните видови на казни, кои што ќе бидат во согласност со нивните дела, направени на овој свет. Пред да паднат во Долниот Гроб, тие ќе се подготвуваат себеси за животот во светот на злите духови, во текот на трите дена во местото за чекање. Овие три дена во местото за чекање нема да бидат мирни, туку ќе го претставуваат почетокот на нивниот вечно страдален живот.

Различните видови на птици со големи и остри клунови ќе ги колваат овие души. Овие птици се навистина грозни и одвратни духовни нешта, за разлика од птиците на овој свет.

Неспасените души ќе бидат издвоени од нивните тела и затоа можеби ќе помислите дека тие не чувствуваат никаква болка. Сепак овие птици ќе можат да ги повредат, бидејќи птиците во местото за чекање ќе бидат исто така духовни суштества.

Кога и да овие птици ги колваат душите, нивните тела ќе се раскинуваат, ќе крварат и ќе им се лупи кожата. Душите ќе се обидуваат да ги избегнат колвањата на птиците, но нема да можат да го постигнат тоа. Тие само ќе се обидуваат и врескајќи ќе се наведнуваат. Понекогаш птиците ќе им ги колваат и ивните очи.

## 3. Различни Казни За Различни Гревови Во Долниот Гроб

По тродневниот престој во местото за чекање, неспасените души ќе бидат распределени на различните места за казнување во Долниот Гроб, во согласност со нивните гревови од овој свет. Небесата се многу пространо место. Пеколот исто така е многу пространо место, така да има безброј издвоени места на кои што можат да се сместат неспасените души дури и во Долниот Гроб, што е само дел од

Пеколот.

## Различни Места За Казнување

Севкупно земено, Долниот Гроб е едно темно и влажно место и тука душите можат да ја почувствуваат интензивната топлина. Тука неспасените души ќе бидат постојано измачувани преку тепање, колвање и распарчување.

На овој свет, кога ви е отсечена вашата нога или рака, вие морате да живеете без вашата нога или рака. Штом ќе умрете, вашите страдања и неволји ќе завршат со вашата смрт. Во Долниот Гроб сепак, доколку вашиот врат биде отсечен, самиот ќе се регенерира. Дури и да ви се отсече некој дел од вашето тело, вашето тело наскоро повторно ќе стане цело. Исто како што не можете да ја исечете водата дури ни со најостриот нож или меч, исто така ниту едно од измачувањата, колвањето или кинењето на парчиња од телото, нема да можат да ја скратат агонијата.

Вашите очи повторно ќе ви бидат обновени откако птиците ќе ги исколваат. Дури и да сте ранети и да ви излегуваат цревата, вие наскоро пак ќе бидете обновени. Вашата крв бескрајно ќе се лее додека ќе бидете измачувани, но таму нема да можете да умрете, бидејќи крвта наскоро ќе ви биде обновена. Ваквата ужасна шема непрестајно ќе ве измачува.

Затоа таму се наоѓа реката од крв, која што потекнува од пролевањето на крвта на душите во Долниот Гроб. Запаметете дека духот е бесмртен. Кога континуирано и засекогаш ќе биде измачуван, неговата болка исто така ќе трае засекогаш. Душите ќе молат за смртта, но нема можат и нема да им биде дозволено да умрат. Од бесконечните измачувања, Долниот Гроб ќе биде исполнет со вресоците и лелекот на луѓето и со мирисот на крвта и на трулежот.

## Агнизирачките Крикови Во Долниот Гроб

Јас претпоставувам дека некои од вас директно ја имаат почувствувано војната. Ако не, тогаш можеби сте ги виделе ужасните сцени кои што ги отсликуваат криковите и болката на војната, во некои воени филмови или историски документарци. Ранетите луѓе се расфрлани насекаде. Некои од нив ги имаат изгубено нозете или рацете. Очите им се уништени па дури и содржината на нивниот мозок им е разнесена. Никој не може да знае дали артилерискиот оган ќе падне врз него или врз неа. Местото е полно со задушувачкиот чад на артилерискиот оган, со мирисот на крвта, лелекот и врисоците. Луѓето би можеле да ја наречат таквата гледка „пеколот на земјата."

Сепак ужасната сцена од Долниот Гроб е помизерна дури и од најлошата сцена од било кое воено поле на овој свет. Понатаму, душите во Долниот Гроб ќе страдаат не само од измачувања кои што им се случуваат, туку исто така и од стравот за измачувањата кои што ќе следат.

Измачувањата ќе бидат толку големи што тие залудно ќе се обидуваат да избегаат. Уште повеќе, она што понатаму ги очекува се само огнените јазици и сулфурот на подлабокиот

Пекол.

Колку таговни и покајнички ќе бидат душите кога ќе го видат огнениот сулфур на Пеколот, кажувајќи, „Требаше да верувам кога го проповедаа евангелието.... Не требаше да грешам...!" Сепак нема да постои втора можност и нема да има начин за спасение, за нив.

## 4. Луцифер Е Одговорен За Долниот Гроб

Еден човек не може да ги свати видот и опсегот на казнувањата во Долниот Гроб. Исто како што методите на измачување варираат на овој свет, исто така можеме истото да го кажеме и за измачувањата во Долниот Гроб.

Некои луѓе можат да страдаат од распаѓање на нивните тела. Други пак можат да ги трпат болките бидејќи нивните тела ќе бидат изедени или изгризени а крвта испиена, од страна на разни бубачки и инсекти. Некои други пак ќе бидат притиснати врз огнено жешките карпи или пак ќе стојат врз песок кој што ќе биде со температура седум пати повисока од онаа што може да се најде на плажите или пустините од овој свет. Во некои случаи, самите гласници на Пеколот ќе ги измачуваат душите. Другите методи на измачување ќе ги вклучуваат водата, огнот и некои други незамисливи начини и опрема.

Богот на љубовта не управува со ова место на неспасените души. Бог им ја има дадено власта на злите духови, да управуваат со ова место. Главниот на сите зли духови, Луцифер, управува со Долниот Гроб, каде што неспасените души кои што се како плевата, ќе престојуваат. Тука не постои ниту милоста ниту сожалувањето а Луцифер го контролира секое нешто во врска со Долниот Гроб.

## Идентитетот На Луцифер, Главниот На Сите Зли Духови

Кој е Луцифер? Луцифер бил еден од архангелите, кого што Бог многу го љубел и го нарекувал „синот на зората" (Исаија 14:12). Сепак, тој се побунил против Бога и станал главниот на злите духови.

Ангелите кои што се на небесата ја немаат човечката природа ниту слободната волја. Поради тоа, тие не можат да ги избираат нештата според својата сопствена волја, туку можат само да ги следат наредбите како што тоа го прават роботите. Сепак, Бог им ја има дадено човечноста на некои од ангелите и ја споделувал Својата љубов со нив. Луцифер, кој што бил еден од таквите ангели, бил одговорен за небесната музика. Луцифер го славел Бога со неговиот убав глас и музички инструменти и му угодувал на Бога преку пеењето за славата Божја.

Тој сепак постепено станувал арогантен, бидејќи Бог ја имал посебната љубов кон него и поради неговата желба да стане поголем и помоќен од Бога, која што на крајот го повела кон побуната против Бога.

## Луцифер Го Предизвикал И Се Побунил Против Бога

Библијата ни кажува дека голем број од ангелите го следеле Луцифера (2 Петар 2:4; Јуда 1:6). Има милијарда ангели на небесата и околу една третина од нив го следеле Луцифера. Вие само можете да замислите колку многу ангели му се придружиле на Луцифера. Луцифер, во својата арогантност, се побунил против Бога.

Како било можно толку голем број на ангели да го следат Луцифера? Вие ќе можете лесно да го разберете тоа доколку помислите на фактот дека ангелите само ги почитуваат наредбите, исто како што тоа го прават машините или роботите.

Како прво, Луцифер се здобил со поддршката на некои од водачите на ангелите, кои што биле под неговото влијание, а потоа лесно можел да ги придобие потчинетите ангели, кои што биле под водството на овие ангели.

Покрај ангелите, змејовите и дел од херувимите од духовните суштества, исто така и се придружиле на Луциферовата побуна. Луцифер, кој што во побуната го предизвикал Бога, на крајот бил поразен и заедно со неговите следбеници бил прогнат од небесата, каде што првобитно се наоѓал. Потоа тие биле затворени во Безната, сè додека не било потребно да се искористат за човечката култивација.

*Како падна ти од небесата, О ѕвездо на утрото,*

*сине на зората! Ти беше пресечен на земјата, ти кој што ги ослаби нациите. Но во срцето свое си кажа, „Ќе се искачам на небесата, ќе го издигнам престолот свој над Божјите ѕвезди и ќе седнам на челото од собирот, на крајот од северот; ќе се искачам над висините на облаците, ќе се направам себеси како Севишниот." Но ти сепак ќе бидеш соборен во Шеол, во дното на јамата* (Исаија 14:12-15).

Луцифер бил толку убав што не може да се опише, додека бил на небесата прекриен со преобилната Божја љубов. После побуната тој станал грозен и ужасен.

Луѓето кои што го виделе преку нивните духовни очи, кажуваат дека Луцифер е толку одвратен, што би ви предизвикало повраќање доколку само го погледнете. Тој изгледа мрачно со неговата разбушавена коса, обоена во различните бои како што се црвената, белата и жолтата боја, која што му е крената нагоре кон небото.

Денес Луцифер ги наведува луѓето да го имитираат во облекувањето и фризурата. Кога луѓето танцуваат, тие се многу диви, жестоки и грди, дигајќи ги нивните прсти.

Постојат некои трендови на нашето време кои што ги има создадено Луцифер, а кои што навлегуваат преку масовните медиуми и културата. Овие трендови можат да ги повредат човечките емоции и да ги поведат луѓето кон хаосот. Понатаму, овие трендови ги мамат луѓето да се оддалечат себеси од Бога, па дури и да се одречат од Него.

Чедата Божји би требале да се разликуваат и да не им потпаѓаат на световните трендови. Доколку западнете во световните трендови, вие природно ќе ја оддалечите љубовта Божја од вас, бидејќи световните трендови го обземаат вашето срце и мисли (1 Јован 2:15).

## Злите Духови Го Прават Долниот Гроб Ужасно Место

Од една страна, Богот на љубовта е самата добрина. Тој ги подготвува сите нешта за нас, по Неговата мудра и добра промисла и суд. Тој сака да ние постојано живееме во најголемата среќа, на прекрасните небеса. Од друга страна пак, Луцифер е самото зло. Злите духови, како следбениците на Луцифера, секогаш размислуваат за начините како пожестоко да ги измачуваат луѓето. Во нивната зла мудрост, тие го прават Долниот Гроб дури и поужасно место, преку создавањето на различните методи за измачување.

Дури и на овој свет, луѓето измислувале различни сурови методи на измачување низ историјата. Кога Кореја била под власта на Јапонија, Јапонците ги измачувале корејските водачи на движењата за национална независност, преку пробивањето со игла од бамбус под ноктите на нивните прсти или преку корнењето на ноктите од нивните раце или нозе, еден по еден. Тие исто така им истурале мешавина на лут црвен пипер и вода, во очите и ноздрите на водачите на движењето додека тие биле обесени со главата надолу.

Одвратниот мирис на изгорено месо ја исполнувал собата за мачење, бидејќи јапонските мачители ги согорувале различните делови од нивните тела со вжештените парчиња метал. Нивните внатрешни органи им излегувале надвор од стомачните шуплини, поради жестоките тепања.

Како луѓето ги измачувале криминалците во текот на корејската историја? Тие им ги извиткувале нозете на криминалците, како еден вид на измачување. Криминалецот бил врзан на зглобовите и на колената, а потоа два стапа му биле вметнувани помеѓу неговите потколеници. Коските на нозете од криминалецот се кршеле на парчиња, како што мачителот ги движел двата стапа. Можете ли да замислите колку болно мора да било сето тоа?

Измачувањата извршени од страна на луѓето се онолку сурови, колку што тоа ни го дозволува нашата сопствена имагинација. Колку тогаш посурови и поужасни би биле, кога злите духови со далеку посилна мудрост и способности, ќе ги измачуваат неспасените души? За нив претставува посебно задоволство, кога ги создаваат различните методи на измачување и кога ги подложуваат неспасените души на таквите измачувања.

Поради ова вие морате да го познавате светот на злите духови. Тогаш ќе бидете во можност да ги управувате, да ги контролирате и да ги совладате. Вие лесно ќе можете да ги поразите, кога ќе се сочувате себе си свети и чисти, без да им се прилагодувате на шаблоните на овој свет.

# 5. Идентитетот На Гласниците На Пеколот

Кои се гласниците на Пеколот кои што ги измачуваат неспасените луѓе во Долниот Гроб? Тие се подредените паднати ангели, кои што го следеле Луцифера во побуната, уште пред почетокот на светот.

> *И ангелите кои што не се држеа до својот домен, туку го напуштија своето живеалиште, Тој ги стави во вечни окови, во мрак, за судот на големиот ден (Јуда 1:6).*

Паднатите ангели не можат слободно да дојдат во овој свет, бидејќи Бог ги оковал да бидат во темнината сé до Судот на Големиот Бел Престол. Некои луѓе тврдат дека демоните се паднатите ангели, но тоа всушност не е вистина. Демоните се неспасените души, кои што под посебни околности се ослободени од Долниот Гроб, за да ја извршат својата работа. Јас ова детално ќе ви го објаснам во глава 8.

## Ангелите Кои Што Паднале Заедно Со Луцифера

Бог ги оковал паднатите ангели во темнината – Пеколот – да бидат таму сé до Судот. Затоа паднатите ангели не можат да дојдат на овој свет, освен во некои посебни прилики.

Тие биле многу убави пред да се побунат против Бога. Сепак, гласниците на Пеколот не се ниту убави ниту извонредни, откако паднале и биле проколнати.

Тие изгледаат толку мрачно што вие ќе бидете ужаснати од нив. Нивниот лик е сличен на лицата на човечките суштества, или пак изгледаат како некои одвратни животни.

Нивниот лик е сличен на оној на одвратните животни како што се свињите, за што е и запишано во Библијата (Левит 11). Но тие имаат проколнати, грозни ликови. Тие исто така ги украсуваат нивните тела со гротескни бои и модели.

Тие носат железен оклоп и воени обувки. Острите инструменти за измачување им се цврсто прицврстени на нивните тела. Тие често носат нож, копје или камшик во нивните раце.

Тие го имаат доминирачкото однесување и вие ќе можете да ја почувствувате нивната голема сила, кога ќе се движат наоколу, бидејќи тие располагаат со нивната целосна моќ и власт, во темнината. Луѓето многу се плашат од демоните. Но гласниците на пеколот се многу поужасни од демоните.

### Гласниците На Пеколот Ги Измачуваат Душите

Што точно е улогата на гласниците на пеколот? Примарно таа е да ги измачуваат неспасените души, откако станале одговорни за Пеколот.

Поизразените измачувања кои што се извршуваат од гласниците на пеколот, се резервирани за оние луѓе кои што се со потешките казни во Долниот Гроб. На пример, грозен налик на свиња гласник на пеколот, им ги сече на парчиња телата на душите или пак ги надувува како балони и ги продупчува или камшикува.

Како дополнение, тие ги измачуваат луѓето преку некои различни методи. Дури ниту децата не можат да бидат изземени од измачувањата. Она што ни го крши духот е фактот што гласниците на пеколот ги бодат или тепаат децата само поради забава. Затоа вие треба да го вложите својот максимум за да го спречите паѓањето на макар и една душа во Пеколот, кој што е сурово, мизерно и ужасно место, исполнето со непрестаната болка и страдања.

Во 1992 година, јас се наоѓав на прагот на смртта, од преголемиот стрес и работни напрегања. Во тој момент, Бог ми покажа како многу од членовите на мојата црква ги следат световните модели на живеење. Јас искрено се надевав да бидам со Господа, сè додека не ја видов таа сцена. Но јас не можев повеќе да посакувам да бидам со Господа, знаејќи дека многу луѓе од мојата паства, ќе паднат во Пеколот.

Затоа се премислив и побарав од Бога да ме оживее. Бог за миг ми ја даде силата и на моето големо изненадување, јас бев способен да станам од смртната постела и пак да станам совршено здрав. Силата Божја ме оживеа. Бидејќи навистина толку многу знам за Пеколот, јас трудољубиво ги објавував тајните за Пеколот, кои што Бог ми ги откри, со надеж дека ќе спасам барем уште една душа.

*Глава 4*

## Казните Во Долниот Гроб На Неспасените Деца

1. Фетуси И Доенчиња

2. Малите Деца Кои Што Проодуваат

3. Децата Доволно Возрасни Да Чекорат И Да Зборуваат

4. Деца Од Шест До Дванаесет Години

5. Младите Кои Што Му Се Потсмевале На Пророкот Јелисеј

„Смртта нека дојде на нив;
нека слезат живи во Шеолот,
зашто зло има среде нив,
во живеалиштата нивни."
- Псалм 55:15 -

„Оттаму тој отиде во Ветил. И како што одеше по патот,
мали момчиња излегоа од градот, му се потсмеваа и му кажаа,
'Врви, келавко! Врви келавко!' Тој се сврти, ги виде
и ги проколна во името ГОСПОДОВО.
Тогаш излегоа од гората две мечки
и раскинаа четириесет и две од нив."
- 4 Царства 2:23-24 -

Во претходната глава, јас ви опишав како паднатиот архангел Луцифер управува со Пеколот и како другите паднати ангели владеат под Луциферовото водство. Гласниците на пеколот ги измачуваат неспасените души во согласност со нивните гревови. Воопштено земено, казнувањето во Долниот Гроб е поделено на четири нивоа. Најлесните казни се применуваат врз луѓето кои што паднале во Пеколот како резултат на судот на совеста. Најтешките казни се применува врз луѓето чија што совест им е согорена како со усвитено железо и врз оние кои што му се спротивставиле на Бога, на начинот како што тоа го направил Јуда Искариот, кој што го продал Исуса поради своја лична корист.

Во следните глави, во детали ќе ви ги објаснам казните на кои што ќе бидат подложени неспасените души во Долниот Гроб, кој што му припаѓа на Пеколот. Пред деталното опишување на казните на кои што ќе бидат подложени возрасните, јас ќе ви ги објаснам видовите на казните на кои што ќе бидат подложени неспасените деца, според различните возрасни групи.

## 1. Фетуси И Доенчиња

Дури и несвесното дете може да отиде во Долниот Гроб доколку не го помине судот на совеста, поради грешната природа наследена од неговите родители, кои што биле неверници. Детето ќе ја добие релативно лесната казна бидејќи неговиот грев е лесен, кога ќе се спореди со оној на возрасниот човек, но тоа сепак ќе страда од гладта и неподносливата болка.

## Доенчињата Плачат И Страдаат Од Глад

Бебињата кои што се одвикнуваат од доењето и кои што сеуште не можат да чекорат или да зборуваат, се посебно категоризирани и сместени во поголем простор. Тие не можат самите да размислуваат, да се движат или да чекорат, бидејќи неспасените бебиња си ги задржуваат истите карактеристики и свест што ги поседувале во моментот на нивната смрт.

Понатаму, тие не знаат зошто се во Пеколот бидејќи немаат забележано никакво знаење во нивните умови. Тие само инстинктивно плачат од глад без да ги знаат своите мајки и татковци. Гласникот на пеколот му го прободува стомачето на новороденчето, неговата рака, нога, ноктите од прстите на рацете или нозете, со остар предмет кој што наликува на сврдел. Бебето испушта остар плач и тогаш гласникот на пеколот едноставно со задоволство му се смее на бебето. Иако бебињата постојано плачат, никој не се грижи за нив. Нивното плачење продолжува до исцрпеност и силни болки. Понатаму, гласниците на пеколот понекогаш се собираат, избираат едно од бебињата и го надувуваат со воздух, како балон. Потоа го фрлаат, шутираат или си го подаваат, за забава. Колку ли сурово и ужасно е сето тоа?

## На Напуштените Фетуси Им Е Ускратена Топлината И Удобноста

Каква е судбината на фетусите кои што умираат пред да се родат? Како што веќе ви објаснив, најголем број од нив ќе бидат спасени но ќе постојат и некои исклучоци. Некои фетуси не можат да бидат спасени бидејќи биле зачнати со најлошата природа наследена од нивните родители, кои што сериозно се свртиле против Бога и кои што направиле исклучително злобни дела. Душите на неспасените фетуси исто така се сместени на едно место, како што беше случај со бебињата што се одвикнуваат од доење.

Тие нема да бидат измачувани така жестоко како што ќе бидат измачувани душите на постарите луѓе, бидејќи тие немаат свест и немаат направено грев, до моментот на нивната смрт. Нивната казна и проклетство се состои во тоа што тие ќе бидат оставени и напуштени, без топлината или удобноста што ја чувствувале во матките на нивните мајки.

## Телесните Форми Во Долниот Гроб

Каква е формата на неспасените души во Долниот Гроб? Од една страна, доколку почине некое бебе кое што се одвикнува од доењето, тоа таму ќе биде сместено во формата на бебе кое што се одвикнува од доење. Доколку фетусот умре во матката на мајката, тој ќе биде сместен во Долниот Гроб, во форма на фетус. Од друга страна пак, спасените души на небесата ќе го облечат новото воскреснато тело, при второто доаѓање на Исуса Христа, иако тие ќе ја имаат истата форма како и на овој свет. Во тоа време, секоја личност ќе биде преобразена во убава 33 годишна личност, како што е и Господ Исус Христос и ќе го облече духовното тело. Нискиот по раст човек ќе ја добие најидеалната висина, а човекот на кој што му недостасувала нога или рака, повторно ќе си го добие назад делот од телото кој што му недостасувал.

Сепак, неспасените души во Пеколот нема да можат да го облечат новото воскреснато тело, дури и по Второто Доаѓање на Господа. Тие нема да можат да воскреснат бидејќи нема да го добијат животот од Исуса Христа и затоа ќе бидат во истата форма што ја имале во времето на нивната смрт. Нивните лица и тела ќе бидат бледи и модри – како на труповите – и нивната коса ќе биде неуредна, поради ужасот во Пеколот. Некои од нив ќе бидат облечени во партали, додека други пак ќе имаат само неколку парчиња облека, а некои дури ќе немаат ништо, за да си ги покријат своите тела.

На небесата, спасените души ќе ги носат убавите бели облеки и сјајните круни. Дополнително, сјајот на облеките и украсите ќе се разликува во согласност со славата и наградите на поединецот. Спротивно на ова, во Пеколот, изгледот на неспасените души ќе биде различен во согласност со степенот и видовите на нивните гревови.

## 2. Малите Деца Кои Што Проодуваат

Новородените бебиња растат и учат да застанат, тетеравејќи се да одат и да изговорат неколку зборa. Кога ваквите мали деца ќе умрат, какви видови на казни ќе се применат врз нив?

Малите деца кои што проодуваат се исто така сместени на едно место. Тие инстинктивно ќе страдаат бидејќи не биле способни логично да размислуваат или разумно да судат за нештата во времето на нивната смрт.

### Малите Деца Ќе Плачат По Нивните Родители Во Неиздржлив Ужас

Малите деца кои што проодуваат имаат само по две до три години. Затоа тие не можат да ја препознаат дури ниту нивната сопствена смрт и не знаат зошто се во Пеколот, но сеуште можат да се сетат на нивните мајки и татковци. Затоа тие непрестано ќе викаат, „Каде си мамо? Тато? Сакам да одам дома! Зошто сум тука?"

Додека тие живееле на овој свет, нивните мајки доаѓале брзу и цврсто ги држеле на своите гради, кога на пример, тие ќе паднеле и ќе си ги изгребеле нивните колена. Сепак нивните мајки нема да дојдат и да ги утешат иако гласно ќе врескаат и ќе плачат, кога нивните тела ќе бидат облеани во крв. Дали не вика низ солзи едно дете обземено од стравот, кога ќе си ја изгуби мајка си во супермаркет или во стоковна куќа?

Тие нема да можат да си ги најдат своите родители кои што би ги заштитиле од овој ужасен Пекол. Овој податок, самиот по себе е доволно страшен, за да им предизвика неиздржлив страв. Понатаму, заканувачките звуци и гротескното смеење на гласниците на пеколот, ќе ги принудуваат уште погласно да врескаат низ солзи, но сето тоа ќе биде залудно.

Чисто колку да им помине времето, гласниците на пеколот ќе им го плескаат грбот на малите деца и ќе ги газат или камшикуваат. Потоа, малите деца во шок и болки ќе се обидуваат да се наведнат или да избегаат од нив. Сепак, во така исполнетото место, малите деца нема да можат да им избегаат и облиени од солзите и мрсулите, тие ќе се заплеткуваат едни со други, легнати едни врз други, и помодрени и со искинатата кожа ќе ја пролеваат крвта насекаде низ местото. Под овие ужасни околности, децата постојано ќе плачат бидејки ќе копнеат за нивните мајки, а ќе бидат гладни и ужаснати. Таквите услови, самите по себе се „пекол" за овие бебиња.

Тешко веројатно е дека дечиња од две или три години можеле да извршат тешки гревови и злосторства. И покрај овој факт, тие ќе бидат ужасно казнети на овој начин, поради нивниот првобитен грев и само-извршувачките гревови. Тогаш колку ли поужасно ќе бидат казнети во Пеколот возрасните, кои што сториле многу потешки гревови?

Сепак, секој може да биде ослободен од казните во Пеколот, само доколку го прифати Исуса Христа кој што умрел на крстот за да не искупи, и ако живее во светлината.

Секој може да биде поведен кон небесата, бидејќи му се простени гревовите од минатото, сегашноста и иднината.

## 3. Децата Доволно Возрасни Да Чекорат И Да Зборуваат

Малите дечиња кои што проодуваат и проговараат збор или два, можат добро да трчаат и да зборуваат кога ќе ја достигнат возраста од три години. Тогаш какви видови на казни, овие мали деца од три до пет години, ќе добијат во Долниот Гроб?

### Гласниците На Пеколот Ќе Ги Прогонуваат Со Копја

Децата од три до пет години ќе бидат издвоени во едно темно и просторно место и ќе бидат оставени таму, за да бидат казнувани. Тие ќе бегаат каде што ќе стигнат со сета своја сила, со цел да ги избегнат гласниците на пеколот кои што ќе ги прогонуваат со копјата во вид на трозабец, во нивните раце.

Копјето со форма на трозабец преставува копје чиј врв е поделен на три дела. Гласниците на пеколот ќе ги бркаат душите на овие деца, бодејќи ги со копјата исто како што ловецот го брка својот плен. На крајот, овие деца ќе дојдат до ивицата на провалијата, а длабоку долу под гребенот ќе можат да видат вода која што ќе врие како лавата на активен вулкан. Во почетокот, овие деца ќе се двоумат да скокнат од гребенот, но ќе бидат принудени да скокнат во зовриената вода, за да ги избегнат гласниците на пеколот кои што ќе ги прогонуваат. Тие нема да имаат друга опција.

## Борејќи Се Да Излезат Од Зовриената Вода

Децата ќе можат да го избегнат пробивањето со копјата од гласниците, но сега тие ќе се најдат во зовриената вода. Можете ли да си замислите колку болно мора да е сето тоа? Децата ќе се борат, ако можат барем да си ги задржат своите лица над зовриената вода, бидејќи таа ќе им навлегува во носниците и устата. Кога гласниците ќе го видат тоа, тие ќе ги задеваат децата кажувајќи им, „Не е ли сето ова забавно?" или „Ох, ова е толку извонредно!" Потоа гласниците ќе извикнат, „Кој дозволи овие деца да паднат во пеколот? Ајде да ги одведеме нивните родители по патот на смртта, за да ги доведеме тука кога ќе умрат, за да можат да си ги гледаат нивните деца како страдаат и како се измачувани!"

Во тој миг, децата кои што се обидуваат да избегаат од зовриената вода ќе бидат фатени во една голема мрежа, исто како што рибите се фаќаат во мрежа и ќе бидат фрлени назад на почетното место, од каде што почнале да бегаат. Тогаш болната постапка на децата кои што бегаат од гласниците на пеколот, што ги бркаат со копјата и нивното скокање долу во зовриената вода, ќе се повторува во бескрај.

Овие дечиња имаат само три до пет години; тие не можат да трчаат многу добро. Сепак тие ќе се обидуваат да трчаат најбрзо што можат, за да го избегнат прогонот на гласниците на пеколот, кои што ќе ги следат со копјата и ќе одат кон гребенот.Тие ќе скокаат долу во зовриената вода и повторно ќе се обидуваат да излезат од неа. Потоа ќе бидат фатени во големата мрежа и ќе бидат фрлени назад на нивното почетно место. Оваа постапка постојано се повторува. Колку ли ужасно и трагично е сето тоа!

Дали сте си го изгориле некогаш вашиот прст на врела пегла или на чајник? Тогаш сигурно знаете колку жешко и болно може да биде тоа. Замислете си сега дека целото ваше тело е полиено со зовриена вода, или дека сте потопени во зовриена вода, во еден голем сад. Колку ли болно и ужасно е само да го замислите тоа.

Доколку некогаш сте имале изгореници од трет степен, тогаш ќе можете да се присетите колку исклучително болно е тоа искуство. Вие исто така ќе можете да се присетите на црвеникавото месо во длабочината на раните, мирисот на изгореното месото и на ужасниот и одвратен мирис кој што доаѓа од гниењето на мртвите клетки, во тоа изгорено месо.

Дури и да се излекува изгорениот дел, често остануваат грди лузни на тие места. Голем број на луѓе често имаат потешкотии во воспоставувањето на пријателства со луѓето, кои што ги имаат ваквите лузни. Понекогаш дури и членовите на семејството на жртвата не можат да ручаат со неа. Во текот на лекувањето, може да се случи да пациентот не може да го издржи лупењето на изгореното месо, а во најлошите случаи, таквиот пациент може да развие некои ментални болести, или пак да изврши самоубиство, поради чувството на задушливост и страдањата кои што се составен дел од лекувањето. Ако некое дете страда од изгореници, тогаш и срцата на неговите родители, исто така ќе ја чувствуваат болката.

Сепак, ниту најлошите изгореници на овој свет не можат да се споредат со казните што ќе ги примат непрестано без крај, душите на неспасените мали дечиња, во пеколот. Големината на болката и суровоста на казните врз овие деца во пеколот, е едноставно вон нашето поимање.

## Не Постои Место Каде Што Би Можело Да Се Избега Или Сокрие Од Овие Непрестани Казнувања

Децата трчаат и трчаат, обидувајќи се да ги избегнат гласниците на пеколот, кои што ќе ги бркаат со копјата во форма на трозабец и ќе паѓаат во зовриената вода, од гребен на кој што нема друг излез. Тие ќе бидат во потполност потопени во зовриена вода. Зовриената вода ќе им се лепи на нивното тело, како да е густа лава и ужасно ќе мириса. Понатаму, одвратната и леплива зовриена вода ќе им влегува во ноздрите и устата, додека тие ќе се обидуваат да излезат од базенот со зовриена вода. Како би можело тоа да се спореди со било каквата изгореница на овој свет, без оглед колку и да е сериозна?

Чувствата на овие деца нема да бидат отапени иако тие постојано ќе бидат измачувани, без никаков одмор. Тие нема да можат да полудат, да се онесвестат, да заборават или да станат несвесни за болката, дури макар и на кратко, или пак да извршат самоубиство, за да ја избегнат болката во пеколот. Колку ли е ужасно сето тоа!

На овој начин децата од три, четири или пет години ќе страдаат од маките во Долниот Гроб, како казна за нивните гревови. Можете ли тогаш да си ги замислите страдањата кои што ќе се применат кон постарите луѓе, во другите делови на пеколот?

## 4. Деца Од Шест До Дванаесет Години

Какви видови на казни ќе им бидат нанесени на неспасените деца на возраст од шест до дванаесет години, во Долниот Гроб?

### Закопани До Реката Од Крв

Од создавањето на светот, безброј неспасени души ја имаат пролеано нивната крв, кога биле ужасно измачувани во Долниот Гроб. Колку ли крв се има пролеано, имајќи на ум дека нивните раце и нозе, им се обновувале, веднаш штом ќе им бидат отсечени?

Количеството на нивната крв е доволно за да се создаде една река, бидејќи нивното казнување бескрајно ќе се повторува, без оглед на количеството на крв што веќе го имаат пролеано. Дури и на овој свет, при поголеми војни или масакри, крвта на луѓето создава мал базен или малечко поточе. Во таквиот случај, воздухот се исполнува со една одвратна миризба, која што доаѓа од скапувањето на крвта. Во жешките летни денови, миризбата е дури и поужасна, а и на крвта се собираат многу видови на штетни инсекти, па заразните болести можат да се претворат во епидемија.

Во Долниот Гроб на пеколот, нема мало езерце или мала поточе, туку широка и длабока река од крв. Децата кои што се на возраст од шест до дванаесет години, се казнуваат на брегот на реката и се закопуваат таму. Колку посериозен грев направиле, толку поблиску и подлабоко до реката, ќе бидат закопани.

### Копање на земјата

Децата кои што ќе бидат далеку од реката со крв, нема да бидат закопани во почвата. Сепак, тие ќе бидат толку гладни што ќе продолжат да копаат во цврстото тло, со нивните голи раце, во потрагата по нешто за јадење. Тие очајно и залудно ќе копаат сè додека не ги изгубат ноктите, а врвовите на прстите не им станат цели со красти. Од нивните прсти ќе им биде останата само половина од нивната првобитна големина и тие ќе бидат облеани во крв. Дури и коските на нивните прсти ќе им бидат излезени. Понатаму и дланките на нивните раце, исто како и нивните прсти ќе им бидат изедени. Децата сепак и покрај оваа болка, ќе бидат принудени да копаат, во слабата надеж дека ќе пронајдат храна.

Како што ќе се приближувате поблиску до реката, вие

лесно ќе можете да видите дека децата се позли. Колку што децата се позлобни, толку поблиску до реката ќе бидат сместени. Тие дури и ќе се тепаат помеѓу себе во обидот да си скинат парче месо, поради исклучителна глад, додека ќе бидат закопани до појасот во земјата.

Најзлобните деца ќе бидат казнети непосредно до бреговите на реката и ќе бидат закопани до вратот, во земјата. Луѓето на овој свет, на крајот би умреле доколку бидат закопани до вратот во земјата, бидејќи крвта нема да може да циркулира низ телото. Фактот дека таму не постои смртта, единствено значи дека бескрајната агонија на неспасените души, непрестано ќе се повторува во пеколот.

Тие ќе страдаат од одвратната миризба на реката. Многуте видови на штетни инсекти, како што се комарците или мувичките ќе ги касаат децата, но тие нема да можат да ги убијат инсектите, бидејќи ќе бидат закопани во земјата. На крајот, нивните лица ќе отечат до оној степен по кој што веќе нема да можат да се препознаат.

## Несреќните Деца: Играчки На Гласниците На Пеколот

Ова никако нема да значи дека им дошол крајот на страдањата на децата. Нивните ушни тапанчиња можат да бидат искинати поради гласната смеа од гласниците на пеколот, кои што ќе се одмараат на брегот на река, смеејќи се и разговарајќи еден со друг. Гласниците на пеколот, кога ќе се одмараат, ќе газат или ќе седнуваат на главите на овие деца, кои што се закопани во земјата.

Облеките и обувките на гласниците на пеколот, ќе им бидат опремени со остри објекти. Така што главите на децата ќе им бидат гмечени, нивните лица ќе им бидат сечени или пак нивните коси ќе им бидат кинети во прамени, кога гласниците ќе ги газат или ќе седнуваат на нив. Понатаму, гласниците ќе им ги сечат лицата на децата или ќе им ги ставаат главите под стопалата. Колку ли ужасна казна мора да е ова?

Можби ќе се запрашате, „Дали е возможно да децата кои што се на возраст за да тргнат на училиште, да направиле толку големи гревови за да ја добијат таквата жестока казна?" Сепак колку и да се млади овие деца, тие во себе го имаат првобитниот грев и гревовите кои што самите ги направиле. Духовниот закон кој што наложува дека „платата за гревот е смртта," е универзално применлив кон секоја личност, без оглед на нејзината возраст.

## 5. Младите Кои Што Му Се Потсмевале На Пророкот Јелисеј

2 Кралства 2:23-24 ни опишува една сцена во која што Пророкот Јелисеј од Јерихон отишол во Ветил. Како што пророкот чекорел по патот, некои млади луѓе излегле од градот и му се потсмевале, кажувајќи му „Врви ќелавко!" Неможејќи веќе да го издржи тоа, Јелисеј на крајот ги проколнал децата. Тогаш излегле две мечки од шумата и

раскинале четириесет и две од децата. Што ли си мислите дека им се случува на четириесет и двете деца во Долниот Гроб?

## Закопани До Нивниот Врат

Двете мечки распарчале четириесет и две деца. Тогаш можете да си замислите колкав бил бројот на децата кои што го следеле и да му се потсмевале на пророкот. Јелисеј бил пророк кој што извршил многу моќни дела на Бога. Со други зборови, Јелисеј можеби и не би ги проколнал доколку тие му се потсмевале само со неколку зборови.

Тие продолжиле да го следат и да му се потсмеваат кажувајќи, „Врви ќелавко!" Покрај тоа, тие фрлале со камења кон него и го боделе со стап. Пророкот Јелисеј отпрво сигурно искрено ги предупредил и ги прекорил, но тој мора да ги проколнал единствено бидејќи тие биле толку многу злобни, за да не може да им биде простено.

Овој инцидент се случил пред неколку илјади години кога луѓето ја имале многу подобрата совест и кога злото не преовладувало толку колку што е тоа случај во нашето време. Тие деца морале да бидат доволно зли за да се подбиваат и да исмеваат еден стар пророк, како што бил Јелисеј, кој што ги извршувал силните дела на Бога.

Во Долниот Гроб, ваквите деца се казнуваат на тој начин што ќе бидат закопани веднаш до реката со крв, закопани до нивните вратови. Тука тие се гушат од одвратната реа од реката и се касани од различните видови на штетни инсекти.

Дополнително, тие се исто така сурово казнувани од гласниците на пеколот.

## Родителите Мораат Да Ги Насочуваат Своите Деца

Како ли се однесуваат децата во нашето време? Некои од нив ги оставаат нивните пријатели надвор на студот, им го земаат нивниот џепарлок или пак парите за јадење, ги тепаат па дури и ги горат со догорчиња од цигари – сето тоа бидејќи не ги сакаат. Некои деца дури и извршуваат самоубиство, не можејќи повеќе да ги издржат таквите постојани и груби вознемирувања. Некои деца формираат организирани банди, кога се уште се во основно училиште, па дури и убиваат луѓе, имитирајќи ги закоравените криминалци.

Затоа родителите треба да си ги воспитаат своите деца на тој начин што ќе ги спречат да се претопат во начинот на живеењето на овој свет, а наместо тоа да ги поведат кон тоа да изградат и да живеат верен живот, плашејќи се од Бога. Колку ли ужасна тага би почувствувале ако влезете во небесата а си ги видите вашите деца како се измачувани во пеколот? Толку е ужасно дури и да се помисли на такво нешто.

Затоа вие треба да си ги воспитате своите скапоцени деца да живеат во верата, во согласност со вистината. На пример, треба да ги поучите вашите деца да не зборуваат или трчаат наоколу за време на црковната служба, туку да се молат и да го слават Бога со сето нивно срце, ум и душа. Дури и новороденчињата, кои што не можат да разберат што зборуваат нивните мајки, спијат добро, без плачење, во текот на црковните служби, кога нивните мајки се молат за нив и ги подигаат во верата. Ваквите бебиња, исто така, ќе си ја добијат наградата за нивното однесување, кога ќе бидат на небесата.

Децата на возраст од три или четири години, исто така можат да го слават Бога и да се молат, кога родителите за тоа правило ќе ги поучат. Во зависност од возраста, длабочината на молитвата може да биде поразлична. Родителите можат да си ги поучат децата како малку по малку, да си го зголемат времето за молитвата, т.е. од пет минути на десет минути, па на триесет минути, па на еден час, итн.

Без оглед колку и да се млади децата, кога родителите ќе ги поучат на словото во согласност со нивната возраст и нивото на разбирање, и ќе ги просветлуваат да живеат во согласност со него, децата често трудољубиво ќе се обидуваат да се придржуваат кон словото Божјо и да живеат на начинот со кој што ќе му угодуваат на Бога. Тие исто така ќе се покајат и ќе си ги исповедаат нивните гревови низ солзи, кога Светиот Дух ќе работи во нив. Ве упатувам јасно да ги поучите за тоа кој е Исус Христос и да ги поведете да растат во верата.

*Глава 5*

# Казни За Луѓето Кои Што Умираат По Пубертетот

1. Првото Ниво На Казнување
2. Второто Ниво На Казнување
3. Казнувањето На Фараонот
4. Третото Ниво На Казнување
5. Казнувањето На Понтиј Пилат
6. Казнувањето На Саул, Првиот Крал На Израел
7. Четврто Ниво На Казнување Врз Јуда Искариот

„Твојата помпезност
и музиката од твојата харпа ти
е симната во Шеол; ларвите
на црвите ти се распослани за постела
а црвите ти се твојата покривка."
- Исаија 14:11 -

„Како што облакот се проретчува
и исчезнува, така и слезениот во Шеолот,
нема да излезе."
- Job 7:9 -

Секој што ќе влезе на небесата ќе ги прими различните награди и славата во согласност со неговите дела направени во овој живот. Спротивно на тоа, различните видови на казни во Долниот Гроб ќе се применуваат врз луѓето, во согласност со нивните зли дела во овој живот. Луѓето во пеколот ќе страдаат од неверојатното количество на постојаната болка, а интензитетот на болката и агонијата ќе се разликуваат во согласност со делата направени во овој живот. Човекот, без оглед дали ќе заврши на небесата или пеколот, ќе го пожнее она што го посеал.

Колку што повеќе гревови сте направиле, во толку подлабок дел од пеколот ќе влезете, а колку што се потешки вашите гревови, толку поагонизирачка ќе биде вашата болка во пеколот. Во зависност од тоа колку што некој е спротивен на срцето Божјо – со други зборови, колку што наликува на грешната природа на Луцифера – ќе се одредува тежината на самите казнувања.

Галатјани 6:7-8 ни кажува, *„Не лажете се: Бог не позволува да биде поруган. Она што ќе си го посее човекот, тоа и ќе си го пожнее: кој што сее во телото свое, од телото ќе си ја пожнее смртта; а оној кој што сее во Духот, од Духот ќе си го пожнее вечниот живот."* Во согласност со ова, вие сигурно ќе си го пожнеете она што сте го посеале.

Какви видови на казни ќе добијат луѓето кои што умреле по пубертетот, во Долниот Гроб? Во оваа глава, ќе ви раскажувам за четирите нивоа на казнување во Долниот Гроб, на кои што ќе бидат подложени душите, во согласност со нивните дела, во овој живот. Како дополнителна забелешка, ве молам да ме разберете дека не можам да ви додадам и графички прикази, бидејќи тоа би додало дополнителна тежина на вашиот страв.

## 1. Првото Ниво На Казнување

Некои души се принудени да стојат на песок кој што е седум пати пожежок од песокот во пустините или плажите од овој свет. Тие нема да можат да избегаат од страдањето, бидејќи ќе биде како да се наоѓаат во средината на една голема пустина.

Сте чекореле ли некогаш по жешкиот песок, со голите стопала, во еден топол летен ден? Не би можеле да ја издржите болката, доколку би се обиделе босоноги да чекорите по плажата во еден топол, сончен, летен ден, во текот на десет или петнаесет минути. Песокот во тропските делови на светот е многу потопол. Запаметете дека песокот во Долниот Гроб е седум пати пожежок отколку најжешкиот песок на овој свет.

Во текот на мојот ацилак во Светата Земја, наместо да се качам во тролејбусот, се обидов да трчам по асфалтниот пат, кон Мртвото Море. Почнав бргу да трчам придружуван со уште двајца ации. Отпрвин не чуствував никаква болка но по половина изминат пат, можев да го почувствувам чувството на горење, во двете мои стопала. Иако сакавме да ги избегнеме тие страдања, не постоеше место каде што би можеле да одиме; на секоја страна од патот имаше камени површини, кои што исто така беа многу жешки.

На крајот, моравме да претрчаме кон другиот крај на

патот, каде што можевме да ги ставиме и да ги натопиме нашите стопала во студената вода на блискиот базен. За среќа, никој од нас не беше изгорен. Трчањето траеше само околу десетина минути но беше доволно за да ни предизвика неиздржливо количество на болка. Замислете си тогаш, дека вие ќе бидете принудени вечно да стоите на песокот кој што е седум пати потопол, од било кој песок што може да се најде тука на земјата. Без оглед колку и неиздржливо да е жежок песокот, нема да има можност за намалување или завршување на казната. Сепак, ова ќе биде најлесното од сите казнувања во Долниот Гроб.

Постојат и некои други души кои што се измачувани на друг начин. Тој човек е принуден да лежи на една тешка карпа, која што е загреана до усвитување и да ја издржува казната да се биде постојано печен без крај. Сцената ќе наликува на месото кое што се пече на скара. Во исто време, една друга карпа која што е исто така загреана до вцрвување, ќе му се испушти на неговото тело, кршејќи се во него. Замислете си една облека која што ја пеглате: даската за пеглање е карпата на која што облеката – проколнатата душа – е легната, а пеглата е втората карпа која што ја притиска облеката.

Жештината е едниот дел од измачувањето; додека кршењето на деловите од телото е сосема друг. Екстремитетите се распарчуваат на делови од притисокот помеѓу карпите. Нивната сила е доволно голема за да ги скрши ребрата и внатрешните органи на човекот. Кога неговиот череп ќе биде здробен, очните јаболка ќе му испаднат од очните шуплини и сите течности од черепот ќе му истечат надвор.

Како би можело да се опише вакното страдање? Иако човекот ќе биде душа без физичка форма, тој сеуште ќе може да чувствува и да страда од болката на оној начин, на кој што тоа го чувствувал во овој живот. Човекот ќе биде во непрестана агонија. Заедно со врисоците на другите души кои што исто така ќе бидат измачувани, оваа душа, заробена во својот сопствен страв и ужас, ќе тажи и ќе извикува, „Како би можел да избегам од ова измачување?"

## 2. Второто Ниво На Казнување

Преку приказната за Лазара и за богатиот во Лука 16:19-31, ние можеме да фрлиме поглед кон ужасот на Долниот Гроб. Преку силата на Светиот Дух, слушнав тажење на еден човек кој што беше измачуван во Долниот Гроб. Преку слушањето на исповедта која што следи, се молам да вие се разбудите од вашата духовна поспаност.

> Ме влечат насекаде
> но тоа нема крај.
> Трчам и трчам но не постои крај.
> Никаде не можам да најдам место за криење.
> Мојата кожа е излупена во ова место,
> исполнето со најодвратна реа.
> Инсектите го нагризуваат моето месо.
> Се обидувам да бегам и избегнам од нив,
> но сепак секогаш сум на истото место.

Тие сеуште го касаат и го јадат моето тело;
тие ја пијат мојата крв.
Се тресам во ужас и страв.
Што би требало да направам?

Те молам, те преколнувам,
пренеси им на луѓето што ми се случува.
Раскажи им за моето мачење
за да и тие да не завршат тука.
Јас навистина не знам што да направам.
Под големиот страв и терор,
можам само да лелекам.
Бескорисно е да се бара засолниште.
Тие го гребат мојот грб.
Тие ме касаат по рацете.
Тие ми ја лупат мојата кожа.
Тие ми ги разјадуваат мускулите.
Тие ми ја пијат крвта.
Кога сето ова ќе заврши,
јас ќе бидам турнат во огненото езеро.
Што можам да правам?
Што би требало да направам?

Иако не верував во Исуса како во мојот Спасител,
мислев дека сум човек со добра совест.
Додека не бев фрлен во Долниот Гроб,
Никогаш не сватив дека сум направил толку
многу гревови!

## Пекол

Сега можам само да се каам и каам
за нештата кои што сум ги сторил.
Те молам, осигурај се
да нема повеќе луѓе како мене.
Многу од луѓето тука, додека живееа,
си мислеа дека водат исправни животи.
Сепак, тие сите се тука.
Многумина кои што исповедаа дека веруваат
и кои што мислеа дека живеат
според волјата Божја, исто така се тука,
и тие се измачувани многу посурово од мене.

Би сакал да можам да се онесвестам за да ги
заборавам страдањата
барем за малку, но не можам.
Не можам да се одморам иако ги затворам очите.
Кога ќе ги отворам очите,
ништо не може да се види и ништо не може да се
допре.
Додека продолжувам насекаде да трчам,
сеуште сум на истото место.
Што можам да правам?
Што би требало да направам?
Те молам, осигурај се
дека никој друг нема да ги
следи моите чекори!

Оваа душа му припаѓа на релативно добар човек,

споредено со многуте други во Долниот Гроб. Тој го моли Бога да им дозволи на луѓето да дознаат што му се случува нему. Дури и при ваквото екстремно измачување, тој е загрижен заради душите кои што би можеле да завршат тука. На начинот на кој што богатиот молел да неговите браќа бидат предупредени за да не би *„исто така дошле на ова место за измачување,"* оваа душа исто така го моли Бога (Лука 16:28).

Сепак оние луѓе кои што ќе паднат во третото и четвртото ниво на измачувањето во Долниот Гроб, нема да го имаат ниту овој вид на добрина. Па така, тие ќе го оспоруваат Бога и безмилосно ќе ги обвинуваат другите.

## 3. Казнувањето На Фараонот

Фараонот, кралот на Египет кој што му се спротивставил на Мојсеја, го добива второто ниво на казнувањата, но магнитудата на неговото казнување се граничи со таа на третото ниво на казнување.

Какво зло има направено Фараонот во овој живот, за да го заслужи ваквото казнување? Зошто тој бил испратен во Долниот Гроб?

Кога Израелците биле угнетувани како робови, Мојсеј бил повикан од Бога, за да го изведе Неговиот народ од Египет и да ги поведе кон Ветената Земја Хананска. Мојсеј отишол кај Фараонот и му кажал да ги пушти Израелците да го напуштат

Египет. Сепак, сфаќајќи ја вредноста на принудната работа на Израелците, Фараонот одбил да ги пушти.

Преку Мојсеја, Господ ги ослободил Десетте Страдања врз Фараонот, неговите старешини и неговиот народ. Водата во реката Нил се претворила во крв. Жабите, бубачките и комарците ја покриле неговата земја. Како дополнение, Фараонот и неговиот народ пострадале со поморот на добитокот, со страдањето од чиревите, градот, скакулците и темнината. Секој пат кога страдале од некаков помор, Фараонот му ветувал на Мојсеја дека ќе дозволи Израелците да го напуштат Египет, само за да го спречи новото страдање. Сепак Фараонот постојано ги кршел ветувањата и повторно го закоравувал своето срце, откако Мојсеј ќе му се помолел на Бога и Тој ќе го запрел страдањето испратено врз нив. На крајот Фараонот дозволил да Израелците можат да си заминат, откако секое првородено машко дете во Египет, од наследникот на престолот па сѐ до првороденото машко дете на робовите, исто како и првородените грла на добитокот, биле убиени.

Сепак, набргу по последниот помор, Фараонот повторно се премислил. Тој и неговата армија започнале да ги прогонуваат Израелците кои што кампувале покрај Црвеното Море. Израелците биле престрашени и повикувале кон Бога. Мојсеј го подигнал својот стап и ја испружил раката над Црвеното Море. Тогаш се случило чудо. Црвеното Море се раздвоило на пола преку силата Божја. Израелците го поминале Црвеното Море по суво, а Египќаните ги следеле во морето. Кога Мојсеј повторно ја испружил својата рака над морето од другата страна на Црвеното Море се случило следното, *„А кога се поврати водата ги потопи колите и коњаниците со сета војска Фараонова, која што беше тргнала по нив, и не остана ниту еден од нив"* (Исход 14:28).

Во Библијата, многу од добродушните незнабожечки цареви верувале во Бога и го славеле Бога. Сепак, Фараонот имал закоравен ум, иако десет пати можел да ја посведочи силата Божја. Како резултат на тоа, на Фараонот му се случиле силните несреќи како што е смртта на престолонаследникот, уништувањето на неговата армија и очајот на неговиот народ.

Во денешно време, луѓето слушаат за семоќниот Бог и директно ја посведочуваат Неговата сила. Сепак, тие ги закоравуваат нивните сопствени срца на истиот начин на кој што и Фараонот го правел тоа. Тие не го прифаќаат Исуса за нивниот личен спасител. Понатаму, тие одбиваат да се покајат за своите гревови. Што ќе им се случи доколку продолжат да живеат на начинот на кој што живеат сега? На крајот тие ќе го добијат истото ниво на казнувањето како и Фараонот во Долниот Гроб.

Што му се случува на Фараонот во Долниот Гроб?

### Фараонот Сместен Во Отпадната Вода

Фараонот е сместен во базенот со отпадната вода, полн со смрдеа. Неговото тело е заврзано во базенот, така да не може да се движи. Тој не е сам, туку таму се наоѓаат и други души осудени поради сличното ниво на гревовите.

Фактот дека бил владетел не му обезбедува некаков подобар третман во Долниот Гроб. Спротивно на тоа, бидејќи бил на власт, бил арогантен, служен од страна другите луѓе и бидејќи живеел изобилен живот, гласниците на пеколот уште посурово го исмеваат и го мачат Фараонот.

Базенот во кој што се наоѓа Фараонот не е само исполнет со отпадна вода. Дали некогаш имате видено некаква скапана и загадена вода или пак канализација? А дали сте виделе пристаништа каде што се закотвуваат бродовите? Таквите места се исполнети со излеана нафта, отпад и смрдеа. Изгледа неверојатно било каков живот да постои во една таква средина. Доколку сте морале да ги потопите рацете во неа, вие сигурно сте биле загрижени дека вашата кожа би можела да биде загадена поради сите одвратни нешта кои што се наоѓаат во водата.

Фараонот се наоѓа во ваквата зандана. Како дополнение, овој базен е исполнет со некои грозни инсекти. Тие наликуваат на гасеници, но се многу поголеми.

## Инсектите Ги Јадат Меките Делови Од Телото

Овие инсекти им се приближуваат на душите заробени во базенот и почнуваат да им ги јадат најмеките делови на нивните тела. Тие им ги глодаат очите, а преку очните шуплини, инсектите им навлегуваат во черепот и почнуваат да им го јадат и самиот мозок. Можете ли да замислите колку болно мора да е сето тоа? На крајот тие навлегуваат во сè, од главата до ножните прсти. Со што би можеле да ја споредиме оваа агонија?

Колку е болно кога прав ќе ви влезе во вашите очи? Колку ли поболно би било кога некои инсекти би ви ги нагризувале вашите очи? Дали верувате дека би можеле да ја издржите болката кога овие инсекти ќе почнат да копаат насекаде низ вашето тело?

Претпоставете си сега, дека една игла ви навлегла под ноктите или дека ви ги пробила врвовите на прстите. Овие инсекти продолжуваат да ја лупат кожата и бавно да ги нагризуваат мускулите сé додека не бидат соголени коските. Овие инсекти нема да застанат на задниот дел на вашите дланки. Тие бргу ќе се придвижат кон вашите раце и рамења и надолу кон вашите гради, стомакот, нозете и бутините. Заточените души го трпат измачувањето и болката која што го придружува него.

## Инсектите Постојано Им Ги Нагризуваат Внатрешните Органи

Најголем број од жените, кога ќе видат гасеници обично се ужаснати од нив, а никако пак не сакаат да ги допрат. Замислете си сега, колку многу поужасни инсекти, поголеми од гасениците, ќе ги бодат проколнатите души. Како прво, инсектите ќе им ги продупчуваат нивните тела низ стомакот. Како следно, тие ќе почнат да им го јадат месото од органите во утробата. Инсектите потоа ќе им ги вшмукуваат течностите од нивните мозоци. За сето тоа време, проколнатите души нема да можат да се бранат, да се движат ниту пак да избегаат од тие ужасни инсекти.

Инсектите ќе продолжат малку по малку да им ги нагризуваат нивните тела, додека пак душите ќе можат да видат како деловите од нивните тела постепено ги снемува и како стануваат изглодани. Доколку добиеме едно вакво измачување во траење од само десет минути, ние сигурно би полуделе. Една од таквите проколнати души во ова место на очајот е Фараонот, кој што го предизвикал Бога и Неговиот слуга Мојсеја. Тој страда од оваа измачувачка болка додека е наполно буден, јасно потврдувајќи и чувствувајќи како деловите од неговото тело се изглодани и постепено ги снемува.

Откако инсектите ќе го изглодаат телото на личноста, дали тоа ќе значи крај на измачувањата? Не. По извесно време, изглоданите и исчезнатите делови од телото на личноста во потполност ќе се обноват и тогаш инсектите со брзање ќе и се навратат на душата, нагризувајќи и ти различните делови од телото. Нема престанок или крај на сето тоа. Болката нема да се намали и личноста не може да се навикне – па така да стане неосетлива – на измачувањата.

На овој начин функционира духовниот свет. На небесата, ако чедата Божји изедат некој плод од дрвата, тој плод веднаш ќе се обнови. Слично на тоа, во Долниот Гроб, без оглед колку пати или колку многу овие инсекти да ги имаат изгризено деловите од телото, секој дел од телото веднаш ќе се обнови, откако веќе еднаш бил раскршен и дезинтегриран.

# Дури Иако Некој Водел Чесен И Совесен Живот

Во чесните луѓе спаѓаат оние кои што не сакале или пак избрале да не го прифатат Исуса и евангелието. Надворешно, тие можеби изгледаат добро и благородно, но тие не се добри и благородни во согласност со вистината.

Галатјаните 2:16 не потсетува *„Знајте дека еден човек не е оправдан со посматрањето на законот, туку преку верата во Исуса Христа. Така да и ние исто така ја ставивме нашата вера во Христа Исуса, за да можеме да бидеме оправдани со верата во Христа а не преку посматрањето на законот, бидејќи преку посматрањето на законот, ниту еден нема да биде оправдан."* Праведен човек е оној човек кој што може да биде спасен поради името на Исуса Христа. Само тогаш, можат сите негови гревови да му бидат простени, преку неговата вера во Исуса Христа. Освен тоа, доколку тој верува во Исуса Христа, тој тогаш сигурно и ќе го почитува и словото Божјо.

Ако некој и покрај изобилните докази за Божјото создавање на универзумот и покрај Неговите чудеса и силата прикажани преку Неговите слуги, ако некој сеуште го одрекува семоќниот Бог, тогаш тој не е ништо друго освен зол човек со закоравена совест.

Од негово сопствено гледиште, тој можеби и живеел чесен живот. Сепак, доколку продолжи да го негира Исуса како неговиот личен Спасител, тој тогаш нема каде да оди, освен во пеколот. Сепак, бидејќи таквите личности имаат водено прилично добри и чесни животи во споредба со со злобните луѓе кои што ги извршувале гревовите онолку колку што сакале, следејќи ги нивните грешни желби, тие ќе го добијат или првото или второто ниво на казнувањето во Долниот Гроб.

Помеѓу оние луѓе кои што умираат без да ја имаат можноста да го прифатат евангелието, ако не успеат да го минат судот на совеста, најголемиот број од нив ќе го добијат првото или второто ниво на казнувањето. Додека пак душите кои што го добиваа третото или четвртото ниво на казнување во Долниот Гроб, како што можете да претпоставите, мора да биле многу полоши и позли од многуте други.

## 4. Третото Ниво На Казнување

Третото и четвртото ниво на казнување се резервирани за сите оние кои што се свртиле против Бога, кои што ја имаат согорената совест, кои што го клеветале и хулеле на Светиот Дух и го попречувале воспоставувањето и ширењето на кралството Божјо. Понатаму, секој оној кој што ги сметал црквите Божји за „еретички" без солидни докази, исто така го добива третото или четвртото ниво на казнувањето.

Пред да го разгледаме третото ниво на казнување во Долниот Гроб, накратко да ги разгледаме различните видови на измачувања кои што ги смислил човскот.

## Суровите Измачувања Измислени Од Страна На Човекот

Во времињата кога човековите права биле повеќе фантазија отколку секојдневие, безбројните видови на физичките казнувања, вклучувајќи ги тука и различните видови на измачувања и погубувања, биле спремени и спроведувани од страна на луѓето.

На пример, во Средновековната Европа, затворските чувари го воделе затвореникот во подрумските простории на зградата, со цел да се здобијат со признание. По патот, затвореникот можел да види капки крв на подот а во собата можел да ги види различните видови на справи кои што се користеле и биле подготвени за измачување. Тој исто така можел да ги чуе и неподносливи врисоци како одsвонуваат низ зградата, што сигурно го ужаснувало.

Еден од најчестите методи на измачување бил да се стават прстите од рацете и од нозете на затвореникот (или на некоја друга личност која што требало да биде измачувана) во тенки метални стеги. Металните стеги се затегнувале сé додека прстите на рацете и на нозете не им биле скршени. Потоа прстите или ноктите од прстите им биле извлекувани еден по еден, како што металната стега се повеќе се затегала.

Доколку затвореникот и по ова не признаел, тој тогаш бил подиган во воздухот со неговите раце свиткани кон назад и телото му било виткано во сите насоки. При ова измачување, се јавувала и една дополнителна болка, кога неговото тело било подигано во воздухот и испуштано на тлото со различна брзина. Како најлошата опција, едно тешко парче железо му се врзувало на зглобовите на затвореникот, додека тој сеуште висел во воздухот. Тежината на железото била доволна за да ги раздвои сите мускули и коски во неговото тело. Доколку затвореникот сеуште не признавал тогаш се применувале уште поужасни и поболни начини на измачување.

Затвореникот го седнувале на едно столче посебно направено за измачување. На седиштето, на задниот дел и на ногарите од столицата имало густо поставени тенки бургии. Откако ќе го видел овој застрашувачки предмет, затвореникот обично се обидувал да избега и да си го спаси животот но затворските чувари, кои што биле многу поголеми и посилни од него, насилно ќе го седнеле на столицата. За еден момент, затвореникот ќе почувствувал како бургиите го пробивале неговото тело.

Друг вид на измачување бил да се обеси осомничениот или затвореникот со главата надолу. По еден час, неговиот крвен притисок веќе би бил доведен до експлозија, крвните садови во мозокот би му прснале, а крвта би му истекувала од неговиот мозок преку очите, носот и ушите. Тој веќе не би можел да гледа, мириса или да слуша.

Понекогаш се користел оган за да се принуди затвореникот на признание. Чуварот ќе му пристапел на осомничениот со една запалена свеќа. Тој ќе ја приближел свеќата до пазувите или петите на осудениот. Пазувите биле горени бидејќи тие претставуваат еден од најчувствителните делови на човачките тела, додека пак петите биле горени бидејќи кај нив болката подолго траела.

Во други случаеви, осомничениот бил принудуван да носи вжештени железни чевли на босите нозе. Тогаш мачителот му го кинел нежното месо. Или пак мачителот би му го пресекол јазикот на затвореникот, или би му ги изгорел неговите непца, со жешки железни маши. Доколку затвореникот бил осуден на смрт, тој бил фрлан во една направа која наликувала на тркало и која била проектирана за да му го распарчи телото на парчиња. Брзото вртење му го кинело телото на парчиња, додека затвореникот сеуште бил жив и свесен. Понекогаш тие биле погубувани на тој начин што им се истурало стопено олово во нивните носници и уши.

Знаејќи дека нема да бидат способни да ја издржат агонијата на измачувањето, многу од затворениците често ги подмитувале мачителите и затворските чувари, за брзата и што побезболна смрт.

Ова се некои од методите за измачување измислени од луѓето. Самата нивна имагинација е доволна за да не исплаши. Тогаш вие веќе можете да претпоставите дека измачувањата кои што ќе се извршуваат од гласниците на пеколот, кои што се под строгото водство на Луцифера, можат единствено да бидат поагонизирачки од било кои други форми на измачување, кои што биле измислени од луѓето. На овие гласниците на пеколот, им недостасува сочувството и нивно најголемо задоволство им претставува да ги слушаат врескањата и лелекот на душите во ужас, во Долниот Гроб. Тие секогаш се трудат да смислат што посурови и поболни техники на измачување, кои би ги примениле врз овие души.

Дали можете ли да си дозволите да одите во пеколот? Дали можете ли да си дозволите да ги видите вашите сакани, вашето семејство и пријателите во пеколот? Сите Христијани, мора да го сметаат како нивна должност и обврска, ширењето и проповедањето на евангелието и да сторат сé што е во нивна можност да спасат барем уште една душа, од паѓањето во пеколот.

Што тогаш точно значи, третото ниво на казнување?

### i) Страшниот Налик На Свиња Гласник На Пеколот

Една душа во Долниот Гроб е врзана за дрво, а нејзиното месо, малку по малку е сечено на тенки ленти. Можеби можете да го споредите ова со сечењето на една риба, со цел да направите сашими. Гласникот на пеколот со одвратен и застрашувачки изглед ќе ги подготвува сите потребни алатки за измачувањето. Во овие направи се наоѓаат разновидни алатки, од мал бодеж па сé до секира. Потоа гласникот на пеколот ќе ги остри алатките на камен. Алатките немаат потреба да бидат острени бидејќи сечивото на секоја од алатките во Долниот Гроб секогаш останува остра. Вистинската цел на острењето е да дополнително се уплаши душата која што го исчекува мачењето.

## Отсекувањето На Месото Започнува Од Врвовите На Прстите

Кога душата ќе го слушне тропањето на овие алатки и кога ќе ја види морничавата насмевка на гласникот на пеколот, колку ли исплашена и вознемирена ќе мора да биде таа!

'Тој нож наскоро ќе го отсече моето месо...
Таа секира наскоро ќе ми ги отсече моите екстремитети...
Што би можел да направам јас?
Како ли ќе ја издржам болката?'

Самиот ужас речиси почнува да го задушува. Душата постојано ќе се потсетува себеси дека е цврсто врзана за стеблото на дрвото, дека не може да се движи и дека чувствува како јажето го прободува нејзиното тело. Колку што повеќе ќе се обидува да избега од дрвото, толку посилно јажето ќе се затегнува околу нејзиното тело. Гласникот на пеколот ќе пристапи и ќе почне со сечењето на месото, почнувајќи од врвовите на прстите. Едно парче месо кое што е покриено со засирена крв, ќе падне на тлото. Ноктите на прстите и се откорнати а наскоро и самите прсти ќе и бидат отсечени. Гласникот ќе го сече месото од неговите прсти до зглобот и до рамото. Сé што ќе остане на неговата рака ќе бидат коските. Потоа гласникот ќе се спушта надолу кон бутините на душата и кон нивниот внатрешен дел.

## Сé Додека Не Станат Видливи Внатрешните Органи

Тогаш гласникот на пеколот ќе почне да го сече стомакот. Кога внатрешните органи ќе стануваат видливи, тој ќе ги грабне овие органи и ќе ги исфрли. Со неговите остри алатки, исто така, ќе ги земе и ќе ги скине и другите органи.

Сé до тој момент, душата ќе биде будна и ќе ја гледа целата оваа постапка: како нејзиното месо ќе биде расечено и цревата ќе и бидат извадени надвор. Замислете си дека некој ве врзал, ви сече дел од вашето тело, почувајќи од внатрешниот дел на вашите раце, парче по парче, секое со големина како големината на ноктите од прстите. Кога ножот ќе ве допира, крвта веднаш ќе почне да тече а страдањето само што започнало, и не постојат зборови со кои што ќе може соодветно да се изрази вашиот страв. Во Долниот Гроб, кога ќе го добиете ова трето ниво на казнување, тука не се работи само за некое делче од вашето тело, туку за целата кожа од вашето тело, од главата до ножниот прст и за сите ваши црева извлечени надвор, едно по едно.

Повторно замислете си го сашимито, јапонскиот оброк од сирова риба. Готвачот само ги издвоил коските и кожата од рибата. Тој го исецкал нејзиното месо колку што е можно потенко. Оброкот е декориран со изгледот на жива риба. Ви се чини дека рибата е сеуште жива и можете да видите како шкргите сеуште и се движат. Готвачот во ресторанот не чувствува сочувство за рибата бидејќи доколку го има, тој не би можел да ја работи својата работа.

Ве молам, сочувајте ги вашите родители, вашиот брачен

другар, вашите роднини и вашите пријаатели во молитвата. Ако тие не бидат спасени и ако завршат во пеколот, тие ќе страдаат од измачувањата при кои нивната кожа ќе им биде одрана а нивните коски распарчени, од страна на безмилосните гласници на пеколот. Наша должност како Христијани е да ги шириме добрите вести, бидејќи на Судниот Ден, Бог сигурно ќе го смета секого од нас за одговорен, за оние кои што не сме успеале да ги упатиме кон небесата.

## Прободување На Очите На Душата

Гласникот на пеколот сега ќе земе една бургија наместо ножот. Душата веќе знае што ќе и се случи бидејќи тоа не и е прв пат да страда од ова; таа била измачувана на овој начин стотици и илјадници пати, од денот кога била донесена во Долниот Гроб. Гласникот на пеколот и пристапува на душата, длабоко го прободува нејзиното око со бургијата и за момент ја остава во очната шуплина. Колку ли исплашено мора да се чувствува душата кога ќе види како бургијата се повеќе и повеќе и се приближува? Агонијата која што ќе ја чувствува душата поради тоа што бургијата и е забодена во нејзиното око, не може да се опише со зборови.

Дали ова е крајот на измачувањето? Не. Останува лицето на душата. Гласникот на пеколот сега почнува да ги сече образите, носот, челото и остатокот од лицето. Тој исто така не заборава да ја отсече и кожата од ушите, усните и вратот, на душата. Вратот, како што се отсекува малку по малку, станува сé потенок и потенок, се додека не се искрши од горниот дел на трупот. Со ова се завршува една сесија на измачувањето, но завршувањето на оваа само води кон почетокот на следната фаза на измачување.

## Личноста Не Може Ниту Да Крикне Или Да Заплаче

За кратко време, деловите на телото кои што биле отсечени повторно се обновуваат, како ништо да не им се случило. Додека телото се регенерира, има еден краток период во кој што не постои болката и агонијата. Оваа пауза само ја потсетува душата на поголемите измачувања што и престојат, па така да таа наскоро почнува да се тресе во неконтролиран страв. Додека го исчекува измачувањето, звукот на острењето повторно се слуша. Од време на време, гнасниот гласник на пеколот кој што наликува на свиња, погледнува кон душата со морничава насмевка. Гласникот е сега подготвен за новата рунда на измачување. Ужасните маки повторно започнуваат. Дали мислите дека можете да го издржите сето тоа? Ниту еден дел од вашето тело нема да стане бесчувствителен на инструментите за измачување или на постојаната болка. Колку повеќе ќе бидете измачувани, толку повеќе ќе страдате.

Обвинетиот во притвор или пак затвореникот кој што треба да биде измачуван, знае дека тоа што го очекува ќе трае само кратко време, но тој сепак трепери и се тресе поради стравот кој што го обзема. Претпоставете си тогаш како грозниот гласник на пеколот, налик на свиња, ви пристапува со различните алатки во неговите раце, со кои што чука една со друга. Измачувањето ќе се повторува без крај: сечењето на месото, вадењето на внатрешните органи, прободувањето на очите и многу други казни кои што ќе следат.

Затоа душата во Долниот Гроб не може да вреска или да го моли гласникот на пеколот за живот, милост, помала суровост или за нешто друго. Врескањето на другите души, извиците за милост и тропањето на инструментите за измачување ќе ја опкружуваат душата. Штом душата ќе го види гласникот на пеколот, таа ќе стане бледа како пепелот, без да испушти ниту звук. Понатаму, таа веќе ќе знае дека не може да ги избегне страдањата, сé додека не биде фрлена во огненото езеро, по Судот на Големиот Бел Престол, на крајот на времето (Откровение 20:11). Мрачната реалност ќе само ја надополни болката која што веќе постои.

## ii) Казната На Надувувањето На Телото Како Балон

Секој кој што има барем и трошка совест, би требало да се чувствува виновен, ако ги повреди нечиите чувства. Или пак, без разлика колку многу некоја личност можела да го мрази некого во минатото, ако се случи да омразената личност денеска живее мизерен живот, тогаш се појавува едно чувство на сочувство кон неа, додека чувството на омраза се намалува, барем за кратко време.

Сепак доколку совеста на една личност е обгорена со жешкото железо, таквата личност ќе биде потполно апатична кон страдањата на другите луѓе, па со цел да постигне некои свои цели, таа тогаш може да биде спремна да ги изврши дури и најгнасните злодела.

## Луѓе Кои Што Се Третирани Како Отпад И Ѓубре

За време на Втората Светска Војна, во Германија под власта на нацистите, во Јапонија, Италија и во некои други земји, безброј живи луѓе биле користени како заморчиња во ужасните, тајни експерименти; овие луѓе, всушност, ги замениле стаорците, зајаците и другите животни, кои што се користат за таквите експерименти.

На пример, за да се открие како една здрава личност ќе реагира, колку долго ќе може да ги издржи различните штетни агенси и каков вид на симптоми ги придружуваат различните болести, па затоа им биле трансплантирани канцерозни клетки и ставани некои вируси. За да се добијат најпрецизните информации, тие често им ги отварале стомаците или черепите на живи луѓе. За да се одреди како една просечна личност ќе реагира на исклучителен студ или топлина, тие интензивно ја намалувале температурата во просторијата или интензивно ја зголемувале температурата на контејнерот полн со вода, во кој што биле затворани субјектите.

Откако овие „субјекти" ќе и послужиле на целта, најчесто биле оставени да умрат во агонија. Тие не ни помислувале на вредноста на животот или на болките кои што ги имале овие субјекти.

Колку ужасно и сурово мора да им било на многуте воени

заробеници, или пак на некои други беспомошни личности, кои што станале такви субјекти, гледајќи како делови од нивните тела се исекуваат на парченца, да бидат заразени, спротивно на нивната волја, со различните смртоносни клетки и агенси, и буквално да се гледаат себеси како умираат?

Душите во Долниот Гроб, сепак се соочуваат дури и со посуровите методи на казнување, од било каквите експерименти извршени врз живите луѓе, кои што ги смислил човекот. Како мажите и жените кои што биле створени според Божиот образот и лик, но бидејќи ја загубиле нивната благородност и вредност, овие души ќе се третираат како исфрленото ѓубре или отпадот, во Долниот Гроб.

Исто како што ние не чувствуваме никаква жал кон ѓубрето, исто така и гласниците на пеколот не чувствуваат никаква жал ниту сочувство кон ваквите души. Гласниците на пеколот на чувствуваат вина или жал за нив, и никогаш не им е доволно казнувањето кон нив.

## Скршени Коски И Раскината Кожа

Поради тоа, гласниците на пеколот гледаат кон овие души воглавно како кон играчки. Тие им ги надувуваат телата на душите и ги клоцаат наоколу, удирајќи ги едно со друго.

Тешко е и да се замисли ваквата глетка: како може долгото и рамно човечко тело, да биде надуено како топка? Што тогаш ќе им се случи на внатрешните органи?

Како што се надуваат внатрешните органи и белите дробови, ребрата и пршлените кои што ги штитат овие органи, почнуваат да се кршат еден по еден, дел по дел. Како дополнение на оваа болка доаѓа и страшната исцрпувачка болка на затегнатата кожа.

Гласниците на пеколот си играат со овие надуени тела на неспасените души во Долниот Гроб, а кога ќе им здодее од нив, тие им ги продупчуваат стомаците на душите со острите копја. Исто како што еднаш надуваниот балон ќе се претвори во парчиња гума кога ќе испука, исто така и нивната крв и парчињата од кожата им се расфрлаат насекаде.

Сепак, за кратко време, телата на овие души ќе станат повторно обновени и тие повторно ќе се најдат на почетното место за казнување. Колку ли сурово е сето тоа? Додека живееле на земјата, можеби овие души биле сакани од некого, уживале некаков вид општествен статус, или пак во најмала рака им следувале основните човечки права.

Штом еднаш ќе се најдат во Долниот Гроб, тие веќе ќе немаат никакви права на кои што ќе можат да се повикаат и ќе бидат третирани исто како и камењата по кои што газиме на земјата и нивното постење нема да има никаква вредност.

Еклизијаст 12:13-14 не потетува како што следи:

*Заклучокот, по сето она што беше слушнато е: Плаши се од Бога и запази ги Неговите заповеди, затоа што тоа се однесува на секоја личност. Затоа што Бог ќе го изведе пред суд секој чин, сето што е скриено, било да е добро или лошо.*

Така да, според Неговиот суд, овие души ќе бидат деградирани на обични играчки со кои што ќе си играат гласниците на пеколот.

Затоа ние морама да бидеме свесни дека доколку не успееме да ја извршиме должноста на човекот, а тоа е да се плашиме од Бога и да се придржуваме кон сите Негови заповеди, ние повеќе нема да бидеме препознаени како скапоцените души кои што го носат Божјиот образ и наличје, туку ќе станеме субјекти кои што ќе бидат подложени на најсурови казни во Долниот Гроб.

## 5. Казнувањето На Понтиј Пилат

Во времето на Исусовата смрт, Понтиј Пилат бил римски намесник во регионот на Јудеја, денешна Палестина. Од денот кога стапнал во Долниот Гроб, тој го добива третото ниво на казнување кое што го вклучува камшикувањето. Поради која конкретна причина е измачуван Понтиј Пилат?

### И Покрај Тоа Што Знаел За Праведноста На Исуса

Бидејќи Пилат бил гувернерот на Јудеја, била потребна негова дозвола, за да се распне Исус. Како Римски намесник, Пилат бил одговорен за управувањето со цела Јудеја и имал многу шпиони поставени на различни места низ тој регион, кои што работеле за него. Па така, Пилат бил во потполност запознаен со безбројните чуда кои што ги извршил Исус, со Неговата порака на љубовта, со Неговото излекување на болните, со Неговото проповедање за Бога и со сличните нешта кои што се случувале низ регионот, во кој што живееле и Исус и Пилат, додека Исус го проповедал евангелието. Како дополнение на сето тоа, од извештаите кои што му ги доставувале шпионите, Пилат заклучил дека Исус е добар и невин човек.

Понатаму, бидејќи Пилат бил свесен за фактот дека Евреите очајно сакале да го убијат Исуса поради љубомората која што ја чувствувале, тој направил сè што било во неговата моќ за да го ослободи. Сепак, бидејќи Пилат бил свесен дека неисполнувањето на барањата на Евреите би довело до големи општествени немири во неговата покраина, тој решил да го заврши сето тоа предавајќи им го Исус и доволувајќи да биде распнат по барање на Евреите. Доколку се појавиле немири во рамките на неговата јурисдикција, тоа би можело да доведе до повикувањето на Пилата на одговорност и би можело да го загрози и неговиот живот.

На крајот, кукавичката Пилатова совест му го одредила неговото место по смртта. Исто како што римските војници го камшикувале Исуса по Пилатовата заповед пред Неговото распнување, Пилат исто така бил осуден на истата казна: бескрајното камшикување од страна на гласниците на пеколот.

## Пилат Камшикуван Секогаш Кога Ќе Се Спомене Неговото Име

Еве како бил камшикуван Исус. Камшикот се состоел

од парчиња железо или коски кои што се наоѓале на крајот на еден долг кожен каиш. При секој удар, камшикот би се завиткал околу телото на Исуса и коските и металните делови од крајот би му се забодувале во Неговото тело. При враќањето на камшикот, месото му се одвојувало од раните, оставајќи му на телото големи и длабоки бразди.

Секогаш кога луѓето од овој свет ќе го изговорат неговото име, гласниците на пеколот го камшикуваат Пилата во Долниот Гроб. Во текот на секоја богослужба голем број од Христијаните ги читаат делата на Светите Апостоли. Кога и да се спомене делот „настрада под Понтија Пилата" тој е камшикуван. Кога стотици или илјадници луѓе заедно го изговараат неговото име во исто време, тогаш степенот на камшикувањето и силата на ударот на камшикот, драматично се зголемуваат. Понекогаш, други гласници на пеколот се собираат околу Пилата за да помогнат при неговото камшикување.

Иако Пилатовото тело ќе биде раскинато на парчиња и покриено со крв, гласниците на пеколот ќе го камшикуваат како да се натпреваруваат еден со друг. Камшикувањето го раскинува Пилатовото тело, му ги соголува коските и му го открива рбетниот мозок.

## Неговиот Јазик Е Трајно Отстранет

Додека е измачуван, Пилат постојано извикува, „Ве молам не го споменувајте моето име! Секогаш кога го изговорите, јас страдам и страдам." Сепак, ниту еден звук не излегува од неговата уста. Неговиот јазик е отсечен, бидејќи со истиот тој јазик, тој го осудил Исуса на распнување. Кога чувствувате болка, би ви помогнало малку ако можете да врискате и да крикнувате. За Пилата, не постои таквата можност.

Тука постои една разлика во случајот со Пилата. Кај другите проколнати души во Долниот Гроб, кога е деловите од телото ќе им бидат откорнати, отсечени или изгорени, тие делови самите ќе им се обноват. Но за разлика од нив, Пилатовиот јазик е трајно отстранет, како симбол на проколнатост. Иако Пилат во себе постојано ги моли луѓето да не го споменуваат неговото име, тоа ќе биде изговарано сѐ до Судниот Ден. Колку што повеќе се споменува неговото име, толку потешки стануваат неговите страдања.

## Пилат Свесно Го Направил Гревот

Кога Пилат го предал Исуса за распнување, тој земал вода и си ги измил своите раце пред толпата, а потоа им кажал на луѓето, *„Невин сум за крвта на Овој Праведник; таа нека падне на вас"* (Матеј 27:24). Како одговор на ова, Евреите кои што сега уште поочајно сакале да го убијат Исуса, му одговориле на Пилата, *„Крвта Негова нека падне на нас и на нашите деца!"* (Матеј 27:25).

Што им се случило на Евреите откако Исус бил распнат? Тие биле масакрирани кога градот Ерусалим бил освоен и уништен од страна на римскиот генерал Тит, во 70-та година од нашата ера. Од тогаш, тие биле раселени насекаде низ светот и биле угнетувани во земјите кои што не биле нивни.

За време на II Светска Војна, тие насилно биле однесени во многубројните концентрациони логори во Европа, каде што преку шест милиони Евреи биле задушени во гасните комори или пак биле брутално масакрирани на некој друг начин. За време на првите пет декади од нејзиното модерно постоење како држава, од независноста по 1948 година, државата Израел постојано се соочува со закани, омраза и вооружено спротивставување, од страна на нивните соседи на Средниот Исток.

Иако Евреите ја добиле одмаздата поради нивното барање *„Крвта Негова нека падне на нас и на нашите деца!"* ова не значи дека казнувањето на Пилата е во некоја смисла намалено. Пилат свесно го направил гревот. Тој имал многу можности да не го стори гревот, но сепак го направил. Дури и неговата жена, откако на сон била предупредена, настојувала Пилат да не го дозволи убивањето на Исуса. Игнорирајќи ја својата сопствена совест и советот на својата жена, Пилат сепак го осудил Исуса на распнување. Како резултат на тоа, тој морал да го добие третото ниво на казнувањето, во Долниот Гроб.

Дури и денеска, луѓето прават злосторства иако знаат дека тоа се злосторства. Тие ги издаваат тајните на некои луѓе поради своја сопствена корист. Во Долниот Гроб, третото ниво на казнување ќе се применува врз оние луѓе кои што правеле заговори против другите луѓе, кои што лажно сведочеле, клеветеле, создавале фракции или банди за да можат да убиваат или да мачат, се однесувале кукавички, или пак ги предавале другите при опасност или болка, и поради нешта слични на ова.

## Бог Ќе Го Преиспита Секое Дело

Исто како што Пилат ја предал крвта на Исус во рацете на Евреите преку миењето на неговите раце, исто така некои луѓе ја пренесуваат вината за одредена состојба или ситуација врз другите луѓе. Сепак одговорноста за гревовите на луѓето паѓа на нив самите. Секој поединец ја поседува слободната волја и не само дека има право да донесува одлуки, туку исто така и ќе биде сметан за одговорен поради неговите одлуки. Слободната волја ни дозволува да направиме избор помеѓу тоа дали ќе веруваме или нема да веруваме во Исуса како на нашиот личен Спасител, дали ќе ја одржуваме или нема да ја одржуваме светоста на денот посветен на Бога, дали ќе го приложиме или пак нема да го приложиме целиот десеток на Бога и нешта слични на нив. Сепак резултатот на нашиот избор ќе се открие преку вечната среќа на небесата или пак преку вечното казнување во пеколот.

Уште повеќе, резултатот на секоја одлука што вие сте ја донеле е ваша лична одговорност, па не можете да обвините никој друг за тоа. Затоа не можете да кажете нешта како „Го оставив Бога заради настојувањата на моите родители" или „Не можев да се придржувам кон светоста на денот посветен на Бога или да го дадам целиот мој десеток на Бога, поради мојот брачен другар." Доколку поединецот ја имал верата, тој сигурно би се плашел од Бога и би се придржувал кон сите Негови заповеди.

Пилат, чиј што јазик бил отсечен поради неговите лични кукавички зборови, е очаен и покајнички настроен додека е постојано камшикуван во Долниот Гроб. После смртта, сепак, не постоела втора шанса за Пилата.

Оние луѓе кои што сеуште се живи ја имаат таа шанса. Вие никогаш не би требале да се двоумите во стравот од Бога и во придржувањето на Неговите заповеди. Исаија 55:6-7 ни кажува, *„Барајте го ГОСПОДА, додека сеуште може да се најде; викајте Го додека е близу. Оставете да злобните го напуштат патот свој; а неправедниот – мислите свои и нека се обрне кон ГОСПОДА, и Тој ќе го има сочувството за него, и за нашиот Бог, поради што Тој ќе биде изобилно помилуван.“* Бидејќи Бог е љубов, Тој ни допушта, додека сме сеуште живи, да дознаеме што се случува во пеколот. Тој тоа го прави за да ги разбуди луѓето од нивната духовна поспаност и да не охрабри и овласти да ги шириме добрите вести на уште повеќе луѓе, за и тие исто така да можат да живеат во Неговата милост и милосрдие.

## 6. Казнувањето На Саул, Првиот Крал На Израел

Јеремија 29:11 ни кажува *„Бидејќи само Јас ги знам плановите кои што сум ги смислил за вас, изјавува ГОСПОД, плановите за добро, а не за зло, за да ви дадам иднина и надеж.“* Словото им беше дадено на Евреите кога тие беа протерани во Вавилон. Стихот ја пророкува добрината и милоста Божја која што ќе му се даде на Неговиот народ, кога тие ќе бидат во прогонство, поради греговите против нивниот Бог.

Поради истата причина, Бог ги објавува пораките за пеколот. Тој не го прави тоа за да ги проколне неверниците и грешниците, туку за да ги искупи сите оние кои што го носат тешкиот товар бидејќи станале робови на непријателот Сатаната и на ѓаволот, и за да ги спречи луѓето, кои што се створени според Неговиот образ, да паднат во тоа злокобно место.

Така да, наместо да се плашиме од ужасните услови во пеколот, сѐ што треба да направиме е да ја согледаме немерливатаа љубов Божја и, доколку сте неверник, да го прифатите Исуса Христа како вашиот личен Спасител, од сега па натаму. Доколку не сте живееле во согласност со Словото Божјо, исповедувајќи ја вашата вера во Него, завртете се и правете како што Тој ви кажува.

## Саул Останал Во Непочитувањето На Бога

Кога Саул го наследил престолот, тој во голема мерка се понизил себеси. Сепак, тој наскоро станал премногу арогантен за да го почитува словото Божјо. Тој тргнал по злите патишта, за да на крајот биде напуштен од Бога и да Бог го сврти лицето од него. Кога правите грев против Бога, вие морате да го смените вашиот начин на размислување и без двоумење да се покаете. Вие не би требале да се обидувате да се оправдате себе си или пак да го сокриете вашиот грев.

Само тогаш, Бог ќе ја прими вашата покајничка молитва и ќе ви го отвори патот на проштевањето.

Кога Саул дознал дека Бог го помазал Давида да го замени, кралот сметал дека неговиот наследник е негов противник и затоа цело време го прогонувал со намера да го убие. Саул дури и ги убил Божјите свештеници поради тоа што му помогнале на Давида (1 Самуил 22:18). Таквите дела биле исто што и конфронтирањето со Бога, лице в лице.

На овој начин, Калот Саул останал непокорен и само ги зголемувал своите зли дела, но Бог не го уништил веднаш Саула. Иако Саул го прогонувал Давида и веќе долго време бил решен да го убие, Бог и понатаму му дозволувал на Саул да живее.

Ова им послужило на две намери. Како прво, Бог планирал да создаде голем сад и крал од Давида. Како второ, Бог му дал на Саула доволно време и можности да се покае за неговите грешки.

Доколку Бог би не убивал секогаш кога ќе извршиме смртен грев, доволно сериозен за да бидеме фрлени во смртта, ниту еден од нас не би преживеал. Бог простува и стрпливо чека, но ако личноста не се врати кон Него, Бог тогаш ќе го заврти своето лице од неа. Саул сепак, не можел да го разбере Божјото срце и ги следел телесните желби. На крајот, Саул бил смртно ранет од стрелците, а потоа се убил себе си, со неговиот сопствен меч (1 Самуил 31:3-4).

## Телото На Саула Виси Во Воздухот

Која тогаш е казната за арогантниот Саул? Едно остро копје го боде неговиот стомак додека тој виси во воздухот. Острицата на копјето е густо надополнета со предмети кои што наликуваат на остри бургии и на ивиците од мечовите.

Висењето во воздухот навистина предизвикува огромна болка. Уште поболно би било да се биде обесен во воздухот додека едно остро копје би го бодело стомакот, а тежината само би ја зголемувала болката. Копјето би го искинало прободениот стомак на делови, преку острите ивици и шилата кои што му се додадени. Бидејќи кожата ќе биде скината, ќе можат да се видат мускулите, коските и цревата.

Кога на одредени временски интервали, гласникот на пеколот ќе се приближи до Саула и ќе го сврти копјето, сите дополнителни острици и шила придодадени на копјето, исто така ќе му го раскинуваат телото. Ваквото вртење на копјето му ги раскинува на Саула белите дробови, срцето, желудникот и цревата.

Кратко време откако Саул ќе ја издржи оваа ужасна тортура и откако неговите црева ќе бидат распарчени во делови, сите негови внатрешни органи во потполност пак ќе му се обноват. Штом потполно ќе му се обноват, гласникот на пеколот му пристапува и ја повторува постапката. Додека страда, Саул длабоко размислува за времето и можностите за покајување кои што ги игнорирал во овој живот.

Зошто не ја почитував волјата Божја?

Зошто му се спротивставував Нему?
Требаше да обрнам внимание на
прекорот од Пророкот Самуил!
Требаше да се покајам
кога мојот син Јонатан ме молеше низ солзи!
Само да не бев толку злобен кон Давида,
мојата казна можеше да биде полесна...

Бескорисно му е на Саула да тагува или да се кае откако веќе паднал во пеколот. Неиздржливо е да виси во воздухот со копје кое што го пробива стомакот, но кога гласникот на пеколот ќе му пристапи на Саула за уште една рунда на измачување, Саул се обзема со страв. Доживеаниот страв од пред само неколку мига сеуште е премногу реален и опиплив за него и тој речиси веднаш почнува да се гуши помислувајќи на нештата кои што треба да се случат.

Саул може да моли, „Ве молам оставете ме!" или „Ве молам престанете со ова измачување!" но сето тоа е бескорисно. Колку поуплашен станува Саул, толку посреќен станува гласникот на пеколот. Тој ќе го врти копјето, а агонијата на распарчувањето на неговото тело, постојано ќе се повторува.

## Ароганцијата Е Предводник На Уништувањето

Следниов случај претставува секојдневие во секоја црква во денешно време. Еден нов верник, во почетокот ќе го прими и ќе биде исполнет со Светиот Дух. Во текот на едно одредено време тој ќе биде нестрплив да му служи на Бога и на Неговите слуги. Сепак тој верник со тек на време ќе почне да не ја почитува волјата Божја, Неговата црква и Неговите слуги. Ако сето тоа му се собере, тој потоа ќе почне да ги осудува и прекорува луѓето преку словото Божјо кое го има слушнато. Исто така можно е да тој стане и арогантен.

Првата љубов која што тој ја споделил со Господа, постепено со текот на времето исчезнала и неговата надеж – што еднаш била поставена кон небесата – сега се наоѓа кај световните нешта – нештата што тој еднаш ги напуштил. Дури и во црквата, тој тогаш ќе сака да биде послужуван од другите, ќе стане алчен за пари и моќ и ќе им се оддава на желбата на телото.

Кога бил сиромашен, тој можеби се молел, „Боже, дај ми благослов за материјално богатство!" Што ќе се случи кога тој еднаш ќе го прими тој благослов? Наместо да го искористи благословот за да им помогне на сиромашните, на мисионерите и на делата Божји, тој сега залудно ќе го употребува благословот Божји во потрага по световните задоволства.

Поради ова, Светиот Дух кој што се наоѓа во верникот почнува да очајува; неговиот дух тогаш почнува да се соочува со многуте искушенија и потешкотии; и казнувањето веќе е на пат. Доколку тој продолжи да греши, неговата совест може да стане отапена. Тој може да стане неспособен да ја разликува волјата Божја од алчноста на неговото срце, често следејќи го второто.

Понекогаш, тој може да стане љубоморен на слугите

Божји кои што се силно ценети и сакани од членовите на нивната црква. Тогаш тој може лажно да ги обвини и да им се замеша во нивното свештенство. Поради својата сопствена корист, тој тогаш создава фракции во рамките на црквата, уништувајќи ја со тоа црквата во која што пребива Христос.

Таквата личност ќе продолжи да му се спротивставува на Бога и ќе стане алатка на непријателот Сатаната и на ѓаволот и на крајот ќе наликува на Саула.

## Бог Им Се Спротивставува На Горделивите А Им Ја Дава Милоста На Понизните

1 Петар 5:5 пишува дека „*Исто така и вие, помладите, покорувајте им се на постарите; а сите вие пак, облечете се во понизност еден кон друг, бидејќи Бог им се противи на горделивите, а на понизните им дава благослов.*" Горделивите судат за пораката проповедана од говорницата, кога ќе ја чујат. Тие го прифаќаат она што им се совпаѓа со нивните мисли, а го отфрлаат она што кое што не се согласува со нив. Најголемиот број на човечките мисли се различни од Божјите. Вие не можете да кажете дека верувате во Бога и дека го љубите Него, доколку ги прифаќате само нештата кои што се во склад со вашите мисли.

1 Јован 2:15 ни кажува, „*Не го сакајте светот и нештата кои што се во него. Ако некој го сака светот, тогаш љубовта на Отецот не се наоѓа во него.*" Исто така, ако љубовта на Отецот не е со поединецот, тогаш тој или таа немаат општење со Бога. Затоа ако тврдите дека

општите со Бога, а сепак одите во темнината, значи дека тогаш лажете и не постапувате според вистината (1 Јован 1:6).

Вие секогаш треба да бидете претпазливи и постојано да се преиспитувате себе си, за да видите дали можеби сте станале арогантни, дали сакате да бидете служени наместо да им служите на другите и дали љубовта за овој свет ползи во вашето срце.

## 7. Четвртото Ниво На Казнување Врз Јуда Искариот

Ние видовме дека првото, второто и третото ниво на казнување во Долниот Гроб се толку ужасни и сурови што се вон нашата имагинација. Исто така и ги разгледавме и причините зошто тие души ги добиваат таквите сурови казнувања.

Од сега па натаму, да навлеземе во најстрашните казни од сите во Долниот Гроб. Кои се примерите за четвртото ниво на казнување и какво зло имаат направено овие души за да го заслужат тоа?

### Извршувањето На Непростлив Грев

Библијата ни кажува дека за некои гревови може да ви биде простено преку чинот на покајување, но од друга страна постојат и некои други гревови за кои што не може да ни биде простено, таквите гревови ве водат во смртта (Матеј 12:31-32; Евреи 6:4-6; 1 Јован 5:16). Луѓето кои што хулат на Светиот Дух, намерно го извршуваат гревот додека се запознаени со вистината и некои други нешта кои што се слични на овие, спаѓаат во оваа категорија на гревови и таквите луѓе ќе паднат во најдлабоките делови на Долниот Гроб.

На пример, често имаме можност да видиме како некои луѓе биле излекувани, или пак нивните проблеми им биле решени преку милоста Божја. Во почетокот, тие чувствуваат ентузијазам во работата за Бога и за Неговата црква. Но сепак, понекогаш можеме да ги видиме како паѓаат во искушенијата на светот, за да на крајот дури и да му го свртат грбот на Бога.

Тие им се препуштаат на задоволствата од овој свет, само што овој пат, тие тоа го прават повеќе отколку порано. Тие тогаш ги подложуваат црквите на срам и ги навредуваат другите Христијани и слугите Божји. Често се случува да токму тие кои што јавно ја исповедале верата во Бога, бидат првите кои што ги судат и етикетираат црквите или свештениците како „еретични," врз основа на некои нивни гледишта и расудувања. Кога тие ќе ја видат црквата исполнета со силата на Светиот Дух и со чудата Божји кои што се случуваат низ Неговите слуги, едноставно поради фактот дека не можат да сфатат, тие се брзи во осудувањето на сета конгрегација како „еретичка," или пак ги сметаат делата на Светиот Дух, како дела на Сатаната.

Таквите луѓе го имаат изневерено Бога и затоа не можат да

го примат духот на покајувањето. Со други зборови, таквите луѓе нема да можат да се покајат за своите гревови. Така што, по смртта, ваквите „Христијани" ќе ги добијат дури и потешките казни од казните наменети за оние луѓе кои што не поверувале во Исуса Христа како во нивниот Спасител и затоа завршиле во Долниот Гроб.

2 Петар 2:20-21 ни кажува *„Бидејќи, откако ги избегнале световните скверности преку познавањето на Господа и Спасителот Исуса Христа, ако пак се заплетат во нив и ако бидат победени, тогаш за таквите последното ќе им биде полошо од првото. За нив би било подобро, да не го беа познале патот на правдата, отколку откако го познаа него, да се одвратат назад од светата заповед која што им е дадена."* Ваквите луѓе го прекршиле словото Божјо па дури и го предизвикале Бога, иако го знаеле словото, па поради тој факт, тие ќе ги добијат многу поголемите и потешки казни од луѓето кои што не поверувале.

### Луѓето чија што совест е согорена

Душите кои што го примиле четвртото ниво на казнување не само што ги имаат извршено непростливите гревови, туку исто така и се со согорена совест. Некои од овие луѓе во потполност станале робови на непријателот Сатаната и на ѓаволот, кои што му се спротивставиле на Бога и бескрупулозно му се спротивставиле на Светиот Дух, па така да изгледа како тие лично да го распнале Исуса Христа на крстот.

Исус, нашиот Спасител, бил распнат за да ни се простат гревовите и за да го ослободи човекот од клетвата на вечната смрт. Неговата скапоцена крв ги искупува сите кои што поверувале во Него, но клетвата кој што паѓа врз луѓето кои што го добиваат четвртото ниво на казнувањето во Пеколот, ги прави неподобни да го примат спасението, дури и низ крвта на Исуса Христа. Поради тоа, тие биле осудени да бидат распнати на нивните лични крстови и да си ги добијат своите казнувања во Долниот Гроб.

Јуда Искариот, еден од Исусовите Дванаесет Апостоли и можеби најпознатиот предавник во историјата на човештвото, е првиот пример. Јуда го видел Синот Божји во тело, со неговите сопствени очи. Тој станал еден од Исусовите ученици, го научил словото и ги посведочил чудесните дела и знаци. Сепак, Јуда никогаш не можел до крај да ја отфрли својата алчност и гревот. На крајот, Јуда бил придобиен од страна на Сатаната и си го продал својот учител за 30 сребреници.

## Без Оглед Колку Многу Јуда Искариот Сакал Да Се Покае

Кој според вас ја има поголемата вина: Понтије Пилат кој што го осудил Исуса на распнување или пак Јуда Искариот кој што им го продал Исуса на Евреите? Исусовиот одговор на едно од Пилатовите прашањата ни го дава јасиот одговор на ова прашање:

*Ти не би ја имал никаквата власт над Мене, ако не ти било дадено одозгора; затоа поголемиот грев го има оној, кој што Ме предаде на тебе* (Јован 19:11).

Гревот кој што го направил Јуда е навистина најголемиот грев, за кој што не може да му биде простено и за кој што не му е даден духот на покајувањето. Кога Јуда ја сфатил големината на својот грев, тој зажалил за тоа и ги вратил парите, но сепак никогаш не му бил даден духот на покајувањето.

На крајот, неспособен да го надмине товарот на неговиот грев, во очајание, Јуда Искариот извршува самоубиство. Дела на СветитеАпостоли 1:18 ни кажуваат дека Јуда *„се здоби со поле преку цената на неговиот грев, и паѓајќи ничкум, прсна по средината и целата негова утроба му се истури надвор,"* опишувајќи го неговиот мизерен крај.

## Јуда Обесен На Крстот

Каквата казна прима Јуда во Долниот Гроб? На предниот дел во најдлабокиот дел на Долниот Гроб, Јуда е обесен на крстот. Заедно со Јуда и неговиот крст, таму напред се наредени и крстовите на оние луѓе кои што сериозно му се спротивставиле на Бога. Сцената наликува на една масовна гробница, или на гробиштата после некоја жестока војна, или пак на една кланица исполнета со мртвиот добиток.

Распнувањето претставува едно од најсуровите казнувања

на овој свет. Распнувањето исто така служи и како пример и предупредување за сите злосторници и за оние кои што можеби ќе станат злосторници во иднина. Секој кој што е обесен на крстот, што претставува агонија поголема отколку самата смрт, со часови – во текот на кои му се раскинуваат деловите на телото, инсектите му го нагризуваат телото, а сета крв полека му истекува од телото – копнее за тоа, колку што е можно побргу, да го испушти својот последен здив.

Ако се случи тука на овој свет, болката од распнувањето може да трае најмногу половина ден. Но во Долниот Гроб, каде што на измачувањата им нема крај и каде што секако не постои смртта, трагедијата на казната преку распнувањето ќе продолжи сé до Судниот Ден.

Како дополнение, Јуда ја носи и сплетената круна од трњето кое што постојано расте и му ја раскинува неговата кожа, му го прободува черепот и му го измачува умот. Исто така, под неговите стопала се наоѓаат некои вознемирени животни. Кога ќе погледнеме одблиску, можеме да откриеме дека се работи за другите души кои што паднале во Долниот Гроб, па дури и тие ќе го измачуваат Јуда. На овој свет, тие исто така му се спротивставиле на Бога и го насобирале злото, бидејќи нивната совест им била согорена. Тие исто така ги добиваат тешките казни и измачувања, а колку што потешки измачувања примат, толку понасилни стануваат. За возврат, за да ја испуштат нивната нервоза и гнев, тие можат да го бодат Јуда со копја.

Тогаш, гласниците на пеколот го исмеваат Јуда, кажувајќи, „Ова е оној кој што го продаде Месијата! Тој ги направи нештата добри за нас! Браво! Колку смешно!"

## Големото Ментално Измачување Поради Тоа Што Го Продал Синот Божји

Во Долниот Гроб, Јуда Искариот мора да го издржи не само физичкото измачување, туку исто така мора да го истрпи и големото количество на менталното измачување. Тој секогаш ќе го памети тоа дека е проколнат, бидејќи го продал Синот Божји. Како дополнение, бидејќи името „Јуда Искариот" станало синоним за предавство дури и на овој свет, поради тоа неговото ментално измачување постојано се зголемува.

Исус однапред знаел дека Јуда ќе го предаде и знаел што ќе му се случи на Јуда по смртта. Поради тоа Исус се обидел да го одврати Јуда преку словото, но Тој исто знаел дека Јуда нема да се одврати. Затоа во Марко 14:21, гледаме како Исус тагувал, *„Но Синот Човечки иде, како што е напишано за Него. Само тешко му на оној човек, преку кого Синот Човечки ќе биде предаден! Подобро ќе беше за тој човек, да не беше се родил!"*

Со други зборови, ако за еден човек кој што ќе го добие првото ниво на казнувањето, кое што го претставува најлесното казнување, би било подобро воопшто да не се родил, бидејќи болката ќе му биде толку многу голема и исклучителна. Што тогаш да кажеме за Јуда? Тој ги добива најтешките казнувања!

## За Да Не Паднете Во Пеколот

Кој тогаш, се плаши од Бога и се придржува на Неговите заповеди? Тоа е оној кој што секогаш ја запазува Светоста на Божјиот ден и кој што му го дава целиот десеток на Бога – двата основни елементи на животот во Христа.

Запазувањето на светоста на Божјиот ден го симболизира вашето препознавање на Божјата власт врз духовното царство. Запазувањето на светоста на Божјиот ден служи како знак, кој што ве одликува и издвојува како едно од чедата Божји. Доколку не ја запазите светоста на Божјиот ден, без оглед колку и да ја исповедате вашата вера во Богот Отецот, нема да постои духовната потврда дека вие сте едно од чедата Божји. Во тој случај, вие немате друг избор освен да паднете во пеколот.

Давањето на целиот десеток на Бога значи дека вие ја признавате Божјата власт врз материјалните нешта. Тоа исто така значи, дека вие ја признавате и ја прифаќате потполната власт на Бога, врз целиот универзум. Според Малахија 3:9, Израелците биле проколнати откако *„го крале [Бога]."* Тој го создал целиот универзум и ви го дал животот. Тој ни ги дава сончевата светлина и дождот за да можеме да живееме, ни ја дава енергијата за да можеме да работиме, а исто така и ни ја дава заштитата за да можеме да го поминеме денот. Бог го поседува сето што го имаме. Така да, иако целите наши приходи му припаѓаат на Бога, Тој ни допушта да му ја дадеме Нему само десетината од сето она што ќе го заработиме, а да си го искористиме остатокот како што сакаме. ГОСПОД ни кажува во Малахија 3:10, *„Донесете го целиот десетоок во складиштето, за да може да има храна во Мојот дом, и не испитувајте Ме во тоа, зарем нема да ви ги отворам прозорците небесни за да го излијам благословот врз вас, па да имате и на претек."* Сé додека му остануваме верни кон него во однос на десетокот, сé дотогаш Бог, како што и ни има ветено, ќе ни ги отвора прозорците небесни и ќе ни го излива толку големиот благослов врз нас, што ние нема ниту да имаме доволно простор за да го сместиме. Но доколку не му го давате десетокот на Бога, тоа ќе значи дека не верувате во Неговото ветување за благословот, дека ви недостасува верата да бидете спасени и бидејќи ќе крадете од Бога, тогаш нема друго место каде што би можеле да отидете освен во пеколот.

Затоа ние мораме секогаш да ја запазуваме светоста на Божјиот ден, да му го даваме целиот десеток на Оној на кого што му припаѓа сé, и да се придржуваме кон сите Негови заповеди, запишани во шеесет и шесте книги на Библијата. Се молам да никој од читателите на оваа книга, не падне во пеколот.

Во оваа глава, ги разгледавме различните видови на казни – поделени воглавно на четири нивоа – кои што се применуваат врз проколнатите души, заточени во Долниот Гроб. Колку ли сурово, застрашувачко и ужасно место е тоа?

2 Петар 2:9-10 ни кажува дека *„Господ знае како да ги избави побожните од искушение, а неправедните да ги*

држи во маки сé до судниот ден; а најмногу оние, кои што се управуваат според телото во нивните похоти, и кои што го презираат авторитетот. Тие се дрски, горди и не се тресат пред ангелската големина."

Злите луѓе кои што ги прават гревовите и го извршуваат злото, се мешаат или ги попречуваат делата на црквата, не се плашат од Бога. Таквите луѓе, кои што грубо му се спротиставуваат на Бога, не можат и не би требало да ја бараат и да ја очекуваат Божјата помош, во времето на страдањето и на искушенијата. Сé додека не се одржи судот на Големиот Бел Престол, тие ќе бидат заточени во длабочините на Долниот Гроб и ќе ги добиваат казните во согласност со видот и големината на нивните зли дела.

Оние кои што ги водат добрите, праведни и посветени животи, секогаш му се покорни на Бога во верата. Затоа, дури и кога злобата на луѓето ја исполнила земјата и кога Бог морал да ги отвори небеските брани, ние можеме да видиме дека само Ное и неговото семејство биле спасени (Битие 6-8).

Начинот на кој што Ное се плашел од Бога и се придржувал кон Неговите заповеди, па така успеал го избегнал судот и да го прими спасението, на тој начин и ние би морале да станеме исти такви покорни чеда Божји, во сето што го работиме, за да можеме да станеме вистински чеда Божји и за да го исполниме Неговото провидение.

*Глава 6*

## Казните За Хулењето Кон Светиот Дух

1. Страдањето Во Сад Полн Со Течност Која Што Врие
2. Искачувањето По Вертикалната Карпа
3. Горењето На Устата Со Вжештено Железо
4. Исклучително Големи Справи За Измачување
5. Врзан За Стебло Од Дрво

„На секого,
кој што ќе каже збор против Синот Човечки,
ќе му биде простено; но на оној, кој што ќе похули
на Светиот Дух, нема да му биде простено."
- Лука 12:10 -

„Зашто оние, кои што еднаш се просветиле,
го вкусиле небесниот дар, станале учесници на Светиот Дух,
и откако го вкусиле добриот збор Божји и силите на идниот век
и потоа паднаа, невозможно е пак да бидат обновени
за покајание, бидејќи повторно во себеси
го распнаа Синот Божји и Го посрамотија."
- Евреи 6:4-6 -

Во Матеј 12:31-32, Исус ни кажува, *„Затоа ви велам, секој грев и хула ќе им се прости на луѓето, но хулата против Светиот Дух нема да им се прости. И ако некој каже збор против Синот Човечки, ќе му биде простено; но ако каже нешто против Светиот Дух, нема да му биде простено ниту на овој, ниту на оној свет."*

Исус ги изговорил овие зборови на Евреите, кои што му замерале за проповедањето на евангелието и извршувањето на делата со Божествената сила, тврдејќи дека Тој бил маѓепсан од злиот дух или дека Тој ги вршел чудата преку силата на непријателот Сатаната и на ѓаволот.

Дури и денеска, голем број на луѓе кои што ја исповедаат верата во Христа, ги осудуваат црквите кои што се исполнети со моќните дела и чудата на Светиот Дух, и ги етикетираат како „еретички" или како „делата на ѓаволот," едноставно поради тоа што се неспособни да ги сфатат или да ги прифатат. Сепак, на кој друг начин би можело да се прошири кралството Божјо и да се распространи евангелието, насекаде низ светот, без силата и власта која што доаѓа од Бога, или со други зборови, без делата на Светиот Дух?

Спротивставувањето кон делата на Светиот Дух, не се разликува од спротивставувањето кон Самиот Бог. Бог тогаш нема да ги признае за Негови чеда, оние кои што им се спротивставуваат на делата на Светиот Дух, без оглед на тоа колку тие се сметаат себе си, за „Христијани."

Затоа имајте го на ум тоа дека, кога една личност ќе го

види и ќе го доживее чекорењето на Бога заедно со Неговите слуги, и ќе ги види прекрасните и чудесните знаци и случувања, кои што ќе се извршуваат во црквата, доколку сеуште ги осудува слугите Божји и Неговата црква како „еретички," тој тогаш ќе биде обвинет за попречувањето и хулењето кон Светиот Дух, и единственото место кое што ќе биде резервирано за него, ќе биде длабочината на пеколот.

Ако една црква, свештеник, или пак некој од другите слуги Божји, вистински го препознаваат Светото Тројство, веруваат дека Библијата е словото Божјо, предаваат за него како за такво, ако се свесни за животот после смртта, за небесата или пак за пеколот и ако исто така се свесни и за Судниот ден, ако веруваат дека Бог ја има власта над сé и дека Исус е нашиот Спасител и ако поучуваат за тоа на правиот начин, тогаш ниту еден човек не би требало, ниту би можел, да ја осуди и да ја етикетира црквата, свештеникот или слугите Божји, како „еретички."

Јас ја основав Манмин Црквата во 1982 година и поведов неброен број на души кон патот на спасението, преку делата на Светиот Дух. Зачудувачки е тоа што, помеѓу оние кои што му се спротиставуваа на Бога и активно ги попречуваа целите и делата на конгрегацијата, беа и луѓето кои што и самите лично ги имаа доживеано делата на живиот Бог, а потоа ги ширеа озборувањата и лагите за мене и за црквата.

Додека во детали ми ја објаснуваше мизеријата и агонијата на пеколот, Бог исто така ми ги откри и казните кои што ќе им претстојат, во Долниот Гроб, на оние луѓе кои што го попречувале, непочитувале или кои што хулеле кон

Светиот Дух. Какви ли казни ќе добијат тие?

# 1. Страдањето Во Сад Полн Со Течност Која Што Врие

Ги жалам и ги проколнувам брачните завети
кои што ги дадов со мојот сопруг.
Зошто сум на ова очајно место?
Тој ме измами и поради него сум тука!

Ова е тагувањето на една жена која што го добива четвртото ниво на казнување во Долниот Гроб. Причината поради која нејзиното измачувачко офкање одекнува низ темната и пеплосаната средина е таа што, нејзиниот сопруг ја има измамено да заедно со него, му се спротивстави на Бога.

Иако жената беше зла, таа сепак во нејзиното срце до еден извесен степен, се плашеше од Бога. Затоа жената не беше способна да го спречи Светиот Дух и самата да спори со Бога. Сепак, во потрагата по нејзините телесни желби, нејзината совест соодвествувала со злата совест на нејзиниот сопруг и на тој начин брачниот пар силно му се спротивставил на Бога и на Неговите дела.

Брачниот пар, кој што заедно чинеше зло, сега е заедно казнет во Долниот Гроб, и тие ќе страдаат за сите нивни зли дела. Што тогаш, ќе ги предизвика нивните страдања во Долниот Гроб?

## Брачниот Пар Измачуван Еден По Еден

Садот каде што се измачувани душите е исполнет со една ужасна смрдеа и тука проколнатите души се потопуваат во пенливата зовриена течност, една по една. Кога гласникот на пеколот ќе ја стави душата во садот, температурата на течноста ќе го набабри целото тело – кое што тогаш многу ќе наликува на грбот на жабата – а потоа очните јаболка ќе му се испакнат.

Колку очајно да тие се обидуваат да го избегнат тоа измачување и да ги зачуваат нивните глави надвор од садот, едно големо стопало се спушта на нив и им ги притиска главите назад во водата. На нозете од гласниците на пеколот, на табаните, им се наоѓаат густо начичкани тенки железни или месингани шилци. Кога ќе бидат притиснати од овие стопала, душите ќе им се вратат назад во садот, со големи рани и модринки, кои што ќе им бидат нанесени од нив.

По кратко време, душите повторно си ги вадат нивните глави надвор, бидејќи не можат да го издржат чувството на печење. Во тој момент, како што тоа им се има случувано повеќе пати претходно, тие ќе бидат совладани и вратени назад во садот. Понатаму, бидејќи душите ќе се менуваат при примањето на ова измачување, доколку мажот е внатре во садот, жената ќе мора да го гледа како страда и обратно.

Овој сад е проѕирен, па така да внатрешноста на садот е видлива од надвор. Отпрвин, кога мажот или жената ќе ја видат саканата личност како е измачувана и малтретирана на овој изопачен начин, поради взаемната љубов, секој ќе извикува за милост во име на другиот:

Мојата жена е внатре!
Те молам, извади ја!
Те молам, ослободи ја од страдањата.
Не, не гази врз неа.
Те молам, извади ја надвор!

По извесно време, барањата на сопругот ќе стивнат. Откако неколку пати веќе бил казнет, тој тогаш сваќа дека додека неговата жена страда, тој тогаш може да здивне, а кога таа ќе излезе од садот, тогаш е негов ред да влезе во него.

## Обвинувајќи Се И Проколнувајќи Се Еден Со Друг

Брачните парови од овој свет нема да бидат парови и на небесата. Сепак овој брачен пар ќе остане како пар и во Долниот Гроб, и заедно ќе го прима казнувањето. Затоа, знаејќи дека ќе треба да се менуваат при добивањето на нивните казни, нивните барања тогаш ќе звучат сосема поинаку.

Не, не, те молам, не вади ја надвор.
Нека остане уште малку внатре.
Те молам, остави ја таму
За да можам јас да се одморам уште малку.

Жената ќе сака нејзиниот сопруг постојано да страда, а сопругот, исто така, ќе се моли да неговата жена остане во садот колку што е можно подолго. Сепак, гледањето како едниот страда не му дава време на другиот да се одмори. Кратките одмори не можат и не им надокнадуваат за агонијата која што трае, особено бидејќи мажот знае дека по неговата жена, ќе дојде неговиот ред. Понатаму, кога едниот ќе ги трпи измачувањата и ќе го гледа и ќе го слуша другиот како се моли за неговото подолго измачување, тогаш и двајцата ќе се проколнуваат еден со друг.

Тука, јасно можеме да го видиме резултатот на телесната љубов. Реалноста на телесната љубов – и реалноста на пеколот е – дека кога некој страда од неиздржливото измачување, тогаш тој или таа, искрено ќе посакува да другиот биде измачуван во негово/нејзино име.

Бидејќи жената ќе се кае затоа што му се спротиставила на Бога „поради нејзиниот сопруг," таа тогаш ќе му кажува на сопругот, „Јас сум тука поради тебе!" Како одговор и дури и со посилен глас, сопругот ќе ја проколнува и обвинува својата жената, која што го поддржала и учествувала во неговите зли дела.

### Колку Што Повеќе Зло Има Извршено Брачната Двојка...

Гласниците на пеколот во Долниот Гроб ќе бидат многу радосни и воодушевени поради тоа што мажот и жената ќе се колнат еден со друг и ќе ги молат да нивниот брачен другар биде казнуван што подолго и пожестоко.

Гледај, тие се колнат еден со друг, дури и овде!
Нивното зло многу не воодушевува!

Како да гледаат некој интересен филм, гласниците на пеколот одблиску ќе го следат сето тоа и од време на време ќе го потпалуваат огнот дури и повеќе, за да можат во потполност да уживаат во глетката. Колку што повеќе ќе страдаат мажот и жената, толку повеќе ќе се колнат еден со друг и тогаш природно, смеењето на гласниците ќе станува сé погласно.

Ние ќе мораме да разбереме тука едно нешто. Кога луѓето ќе направат некое зло дури и тука во овој живот, злите духови тогаш се воодушевени и радосни. Во исто време, колку што повеќе зло ќе направат луѓето, толку повеќе ќе станат отуѓени од Бога.

Кога ќе се соочувате со потешкотии и ќе правите компромиси со светот, ќе тагувате, ќе се жалите и кога ќе бидете исполнети со гневот кон некои конкретни личности и околности, тогаш непријателот ѓавол трчајќи ќе дојде кај вас и многу среќен поради сето тоа, ќе ви ги зголеми потешкотиите и страдањата.

Мудрите луѓе кои што го знаат законот на духовниот свет, никогаш нема да тагуваат или да се жалат, туку наместо тоа ќе му заблагодаруваат на Бога, под било какви околности, и во едно позитивно расположение секогаш ќе ја исповедаат нивната вера во Бога, за да се осигураат дека фокусот на нивните срца секогаш ќе биде кон Него. Понатаму, доколку злото, или некоја зла личност влијае врз вас, како што ни е кажано во Римјаните 12:21 *„Не дозволувај да те победи злото, туку победи го злото со добро,"* вие секогаш морате да му се спротиставувате на злото само со добрина, и сето што го имате да му го посветите на Бога.

Слично на ова, кога ќе го следите она што е добро и ќе чекорите во светлината, тогаш вие ќе можете да ја поседувате силата и власта за да го надминете влијанието на злите духови. Тогаш, непријателот Сатаната и ѓаволот нема да можат да ве сметаат за зол и тогаш сите ваши потешкотии ќе можат да поминат многу побргу. Бог е многу задоволен кога ќе ги види Неговите чеда како дејствуваат и живеат според нивната добра вера.

Под ниту било какви околности вие не би требало да го ширите злото, онака како што нашиот непријател Сатаната и ѓаволот би сакале да го правиме тоа, туку секогаш би требало да мислите само во вистината и да се однесувате во верата на начинот кој што му е угоден на нашиот Бог Отец.

## 2. Искачувањето По Вертикалната Карпа

Без разлика дали сте слуга Божји, старешина или пак работник во Неговата црква, многу е веројатно дека еден ден можеби ќе станете жртва на Сатаната, доколку не го обрежете вашето срце и продолжите да грешите. Некои луѓе ќе се одвратат од Бога бидејќи го љубат светот. Други пак ќе престанат да ги посетуваат црквите откако ќе биле искушани. Некои пак ќе му се спротивстават на Бога, така што ќе ги попречуваат плановите и мисиите на Неговата црква, што пак безусловно ќе ги стави на патот кон смртта.

## Случајот Каде Што Едно Цело Семејство Го Има Предадено Бога

Она што следи е приказната за семејството на еден човек кој што порано верно работел за црквата Божја. Тие луѓе не си ги обрежале нивните срца, кои што им биле исполнети со нервозата и алчноста. Затоа тие постојано ја применувале силата врз другите членови на црквата и постојано ги извршувале гревовите. На крајот, казната Божја се спуштила врз нив, кога таткото на семејството бил дијагностициран со некое тешко заболување. Целото семејство заедно дојде во црквата и започна со нудењето на молитва за најискреното покајување, како и со молитвата за неговиот живот.

Бог ја прими нивната покајничка молитва и го излечи таткото на семејството. Во тоа време, Бог ми кажа нешто сосема неочекувано: „Доколку му го повикам неговиот дух сега, тој ќе може да го прими барем срамното спасение. Доколку го оставам да поживее уште малку, тој нема да може да добие никакво спасение."

Во тој момент не можев да разберам што ми кажува Бог, но по неколку месеци, откако го видов однесувањето на семејството, наскоро сватив за што се работи. Еден од членовите на тоа семејство беше верен работник во мојата црква. Тој тогаш почна да ја обструира црквата Божја и Неговото кралство, лажно сведочејќи против црквата и извршувајќи некои други зли дела. На крајот, целото семејство стана заведено и секој член се одврати од Бога.

Кога поранешниот работник во мојата црква го попречи и тешко хулеше кон Светиот Дух, остатокот на семејството изврши некои непростливи гревови, а таткото кој што беше оживеан преку мојата молитва, умре набргу потоа. Доколку таткото умреше кога ја имаше барем малата вера, тој тогаш ќе можеше да биде спасен. Сепак, тој ја напушти својата вера, не оставајќи си никаква можност за спасение. Понатаму, секој член од семејството исто така ќе падне во Долниот Гроб, во кој што веќе падна таткото и таму секој од семејството ќе мора да го прими казнувањето. Од што ќе се состои нивното казнување?

### Искачувањето По Вертикален Рид Без Одмор

Во областа каде што семејството ќе биде казнувано, се наоѓа еден вертикален рид. Ридот е толку висок што неговиот врв не може да се види од подножјето. Криковите на исплашеност ќе го исполнуваат воздухот. На половина пат по овој проколнат рид, ќе се наоѓаат казнетите души, кои што од далеку ќе изгледаат како три малечки точки.

Тие ќе се искачуваат по овој стрмен и тежок рид со голи раце и боси стопала. Нивните раце и нозе ќе изгледаат како да се истружени со шмиргла, нивната кожа бргу ќе се излупи и ќе почне да се распаѓа. Нивните тела ќе бидат облеани со крв. Причината зошто тие ќе се искачуваат по овој несовладлив рид ќе биде поради тоа да го избегнат гласникот на пеколот кој што ќе лета над областа.

Овој гласник на пеколот, откако едно одредено време ќе ги гледа овие три души како се искачуваат по ридот, ќе ги подигне рацете, тогаш рој на ситни инсекти кои што во потполност ќе наликуваат на гласникот на пеколот ќе се распрскаат насекаде низ земјата како честичките на водата испрскани со спреј. Покажувајќи ги нивните остри заби, со нивните широко отворени усти, овие инсекти бргу ќе се искачуваат по ридот и ќе ги гонат душите.

Замислете си да видите стотици стоногалки, тарантули или лебарки, сите големи колку еден прст, како го покриле подот кога вие ќе влезете во домот. Исто така замислете си како овие застрашувачки инсекти, наеднаш сите тргнуваат кон вас.

Самото гледање на овие инсекти ќе биде доволно за да ве исплаши. Ако сите овие инсекти веднаш тргнат кон вас, тоа може да биде најзастрашувачкиот момент во вашиот живот. Доколку овие инсекти почнат да ви се искачуваат по вашите стопала и нозе и наскоро да ви го прекријат телото, како некој воопшто може да опише таква ужаснувачка сцена?

Во Долниот Гроб, сепак, не е возможно да се каже дали таму постојат стотици или илјадници вакви инсекти. Душите единствено знаат дека има неброено многу вакви инсекти и дека тие три души се нивниот плен.

## Безбројните Инсекти Итаат Кон Трите Души

По гледањето на овие инсекти на подножјето од ридот, трите души тогаш ќе се искачуваат по ридот сѐ побрзо и побрзо. Сепак, пред да помине долго време, трите души ќе бидат престигнати, ќе бидат совладани и ќе паѓаат на тлото на кое што ќе бидат оставени самите на себеси, за да на крајот бидат во потполност изглодани, од овие ужасни инсекти.

Кога овие души ќе почнат да ги трпат гризењата на нивните тела, болката ќе им биде толку голема и неиздржлива, што тие ќе рикаат како ѕверовите и беспомошно ќе се виткаат и ќе ги тресат нивните тела, напред и назад. Тие постојано ќе се обидуваат да ги истресат инсектите од нив и тоа ќе го направат преку газењето и притискање еден врз друг, а во исто време постојано ќе се прекоруваат и проколнуваат, еден со друг. Во средиштето на таквата агонија, секој ќе шири повеќе зло од другиот, и ќе си го гледа само својот личен интерес, па така ќе продолжат да се колнат еден со друг. Гласниците на пеколот се чини дека ќе уживаат во оваа глетка повеќе од сето друго кое што го имаат видено.

Тогаш, кога гласникот на пеколот, кој што ќе лебди во областа, ќе ја испружи својата рака и ќе ги собере овие инсекти, во еден момент сите тие ќе исчезнат. Трите души тогаш нема да го чувствуваат гризењето на инсектите, но тие нема да можат да престанат со искачувањето по вертикалниот рид. Тие многу добро ќе знаат дека летечкиот гласник на пеколот наскоро повторно ќе ги ослободи инсектите. Со сета нивна сила, тие ќе продолжат со искачувањето по ридот. Во оваа грозоморна тишина, трите души ќе бидат обземени од ужасниот страв поради нештата кои што ќе следат и затоа ќе настојуваат колку што можат, да се искачат по ридот.

Болката од исекотините кои што ќе ги добиваат додека се искачуваат, нема да може лесно да се игнорира. Сепак, бидејќи стравот од инсектите кои што ќе им се искачуваат и ќе им ги глодаат нивните тела, ќе биде многу поголем, трите души нема да им обрнуваат внимание на раните од нивните тела облеани со крв, и ќе се искачуваат колку што е можно побрзо. Колку ли мизерна ќе биде оваа глетка!

## 3. Горењето На Устата Со Вжештено Железо

Мудрите Соломонови Изреки 18:21 ни кажуваат дека *„Смрта и животот се наоѓаат во силата на јазикот човеков и оние кои што го сакаат ќе јадат од плодовите негови."* Исус во Матеј 12:36-37 ни кажува, *„И ви кажувам дека за секој, дури и непромислен збор, што ќе го изговорат луѓето, ќе одговараат на судниот ден. Бидејќи според зборовите свои ќе бидат оправдани и според зборовите свои ќе бидат судени."* Двата стиха ни кажуваат дека Бог ќе не смета за одговорни за нашите зборови и дека за тоа соодветно ќе ни суди.

Од една страна, оние кои што ги кажуваат добрите зборови на вистината, ќе го носат добриот плод во согласност со нивните зборови. Од друга страна пак, оние кои што ќе ги изговараат злите зборови без верата, ќе ги носат злите плодови во согласност со злите зборови изговорени низ нивните зли усни. Ние понекогаш, во некои ситуации, можеме да видиме како невнимателно изговорените зборови можат да го предизвикаат неиздржливото количество на болката и страдањата.

## Секој Збор Ќе Биде Соодветно Наплатен

Некои верници, поради прогонувањето од нивните семејства, кажуваат и се молат, „Ако моето семејство може да се покае преку некоја несреќа, тогаш тоа ќе биде вредно нешто." Штом непријателот Сатаната и ѓаволот ќе ги слушнат овие зборови, тие ја обвинуваат оваа личност пред Бога, кажувајќи, „Зборовите на овој човек треба да се исполнат." Поради тоа, тогаш овие зборовите навистина стануваат семето на несреќата, со која што луѓето ќе се соочат и на крајот ќе почувствуваат дополнителни потешкотии.

Дали е потребно да си доведувате страдања врз себеси со таквите глупави и непотребни зборови? За жал, кога застранувањето ги помрачува нивните животи, голем број од луѓето се препнуваат. Некои дури не ни сваќаат дека тешкотиите им дошле поради нивните сопствени зборови, и дури и не се сеќаваат што имаат изговорено за да ја предизвикаат таквата несреќа.

Затоа имајќи на ум дека за секој збор ќе ни биде соодветно возвратено на овој или на оној начин, ние секогаш мораме да се однесуваме најдобро што можеме и да си ги контролираме нашите јазици. Без оглед на намерата, доколку она што ќе го проговорите е нешто што не е добро и убаво, Сатаната тогаш лесно ќе може – и сигурно ќе го направи тоа – да ќе ве смета одговорен за вашите зборови и тогаш вие ќе бидете подложени на измачувачки, понекогаш и непотребни неволји.

Што ќе му се случи на некој кој што намерно лаже против Божјата црква и Неговиот омилен слуга, и со тоа силно ги нарушува мисиите на црквата и му се спротивставува на Бога? Тој или таа, бргу ќе западнат под влијанието на Сатаната и ќе ги трпат казните во пеколот.

Она што сега следи е само еден пример за казнувањето на кое што ќе бидат подложени сите оние кои што ќе го попречуваат Светиот Дух, преку нивните зборови.

## Луѓето Кои Што Му Се Спротивставуваат На Светиот Дух Преку Зборовите

Порано имаше еден човек кој што доаѓаше и служеше во мојата црква во текот на долг временски период, вршејќи за тоа време најразлични функции. Сепак, тој не си го обрежа своето срце, најважното нешто кое што треба да го направат сите Христијани. Од надвор гледано, тој од секој аспект изгледаше како верен работник кој што го љуби Бога, црквата и неговите браќа и сестри во Христа.

Помеѓу членовите на неговото семејство имаше некои

кои што беа излекувани од неизлечивите болести кои што можеа да ги остават во траен инвалидитет, а исто така имаше и еден човек кој што беше вратен од прагот на смртта. Покрај сето ова, неговото семејство ги имаше многуте искуства и благослови од Бога, но тој никогаш не си го обрежа своето срце и не го отфрли злото.

Така да, кога црквата како целина се соочуваше со некои сериозни потешкотии, тогаш членовите на неговото семејство беа искушани од Сатаната да ја предадат. Несеќавајќи се на милоста и благословите кои што ги примил преку црквата, тој ја напушти црквата на која долго и служеше. Како дополнение, тој тогаш почна и да и се спротивставува на оваа црква и наскоро бидејќи беше на мисија за покрстување, тој и самиот започна да ги посетува членовите на црквата и да им ја попречува нивната вера.

Иако можеби ќе се случеше да ја напушти црквата поради несигурноста во неговата вера, тој сепак ќе можеше да ја добие можноста да го прими сожалувањето од Бога на крајот, доколку само се воздржеше за нештата што не ги знаеше и доколку се обидеше да ја разликува вистината од лагата.

Сепак, тој не можеше да го надмине своето сопствено зло и премногу грешеше со неговиот јазик, така што сега го очекува само агонизирачко измачување.

## Устата Согорена И Телото Свиткано

Гласникот на пеколот ќе му ја согори устата со вжештено железо, бидејќи тој силно му се спротивставил на Светиот

Дух преку зборовите кои што излегувале од неговата уста. Казнувањето ќе биде слично на она што го прима Понтије Пилат, кој што го има осудено невиниот Исус на распнување, преку зборовите кои што излегле од неговата уста, та сега јазикот му е трајно откорнат, во Долниот Гроб.

Како дополнение на казната, душата ќе биде присилена да влезе во една стаклена цевка која што ќе има затки на секој дел, каде што ќе бидат поставени едни метални рачки. Кога гласниците на пеколот ќе ги свртат овие рачки, телото на затворената душа ќе се извиткува. Неговото тело ќе се витка се повеќе и повеќе, и како што нечистата вода се исцедува од брисачот, така и крвта на душата ќе прска низ неговите очи, носот, устата и низ сите други отвори на неговото тело. На крајот, сета негова крв и течности кои што ги има во телото, ќе излегуваат од неговите клетки.

Можете ли да замислите колкава сила треба да биде применета, за да со виткање ви се исцеди една капка крв од вашиот прст?

Крвта и телесните течности на душата нема да се исцедуваат само од еден дел на неговото тело, туку тоа ќе биде од целото тело, од главата па сѐ до ножните прсти. Сите негови коски и мускулни системи ќе бидат свиткани и раскинати и сите негови клетки ќе бидат дезинтегрирани, и сето тоа ќе продолжи сѐ додека и последната капка од каква и да е течност од телото ќе може да се исцеди. Колку ли болно мора да е сето тоа!

На крајот, стаклената цевка ќе биде полна со крв и течности од неговото тело, па ќе изгледа како шише со црвено вино, кога ќе се гледа одалеку. Откако гласниците на пеколот ќе го виткаат и виткаат телото на душата, сé додека не истече и последната капка течност од телото, тие ќе го оставаат телото насамо за еден момент, за да дозволат тоа да биде обновено.

Сепак, дури и ако неговото тело е обновено, каква ли надеж може да ја има оваа душа? Од мигот кога неговото тело ќе биде обновено, вртењето и цедењето на неговото тело ќе се повторува без крај. Со други зборови, моментите меѓу неговите измачувања можат да бидат само продолжување на измачувањето.

Поради попречувањето на кралството Божјо со неговиот јазик, усните на оваа душа ќе бидат согорени а како награда за активното помагање на делата на Сатаната, секоја капка течност од неговото тело ќе му биде исцедена.

Во духовниот свет, човекот ќе го жнее она што го посеал, а што и да има направено, истото ќе му биде направено и на него. Ве молам имајте го ова на ум и не му се предавајте на злото, туку само преку добрите зборови и дела, живејте го живот кој што е Богоугоден.

## 4. Исклучително Големи Справи за Измачување

Оваа душа лично ги има искусено делата на Светиот Дух, кога била излекувана од болеста и слабоста. По ова, тој посветено се молел, со целото негово срце, сé со цел да си го обреже срцето. Неговиот живот бил воден и надгледуван од страната на Светиот Дух и затоа има дадено плод. Тој се здобил со пофалбите и со љубовта на членовите од црквата и станал свештеник.

## Заробен Во Неговата Сопствена Гордост

Како што се здобил со пофалбите и со љубовта од оние луѓе околу него, тој во голема мерка станал арогантен, така што не можел веќе правилно да гледа на себеси и несвесно престанал да си го обрежува своето срце. Тој отсекогаш бил човек со избувлив карактер и љубомора и наместо да ги отфрли овие нешта, тој почнал да ги осудува и да ги проколнува сите оние кои што биле исправни и тој секогаш истураше пелин врз секого кој што не му угодуваше или кој што не се согласуваше со него.

Штом еден човек ќе биде заробен во својата гордост и ќе почне да го прави злото, тогаш сѐ повеќе зло ќе започне да зрачи од него, па такашто тој веќе нема да може да се воздржува себеси, ниту пак ќе сака да послуша нечиј совет. Оваа душа ќе си натрупува зло врз зло, и ќе биде фатена во стапицата на Сатаната, за да на крајот отворено му се спротивстави на Бога.

Спасувањето не е комплетно кога ќе го примиме Светиот Дух. Иако сте исполнети со Светиот Дух, ја доживувате милоста и му служите на Бога, сепак вие сте како маратонскиот тркач кој што сеуште е далеку од целната линија – од прочистувањето. Без разлика колку добро тркачот трча, ако престане да трча или ако се онесвести, тогаш тоа нема да му помагне на тркачот во тркта. Многу луѓе трчаат кон целната линија – небесата. Без разлика колку брзо можете да истрчале до некоја одредена точка, без разлика колку блиску и да сте стигнале до целната линија, доколку престанете со трчањето, тоа ќе значи крај на тркта за вас.

## Немојте Да Претпоставувате Дека Цврсто Стоите

Бог исто така ни кажува дека ако сме „млаки," во верата, ќе бидеме напуштени (Откровение 3:16). Дури и ако сте маж/жена со вера, вие секогаш морате да бидете исполнети со Светиот Дух; да ја одржувате страста за Бога; и страстно да му се приближувате на кралството небесно. Доколку престанете со тркта на половина пат, исто како и оние кои што не учествуваат во тркта уште од почетокот, така и вие нема да можете да бидете спасени.

Поради таа причина, апостолот Павле, кој што му бил верен на Бога со целото негово срце, се исповедал на овој начин *„Секој ден умирам, браќа, жими пофалбата ваша, која ја имам во Христа Исуса, нашиот Господ"* (1 Коринтјани 15:31) и *„Туку го дисциплинирам моето тело и го правам да ми биде роб, за да не би ненамерно, проповедајќи им на другите, и самиот да бидам дисквалифициран"* (1 Коринтјани 9:27).

Дури и ако сте во позиција да ги поучувате другите, ако не ги отфрлите вашите сопствени мисли и ако не го поробите вашето тело, да ви биде роб, онака како што тоа го направил Павле, тогаш Бог ќе ве заборави. Сето тоа е така бидејќи *"вашиот противник, ѓаволот, обиколува наоколу како лавот што рика и бара некого за да го проголта"* (1 Петар 5:8).

1 Коринтјани 10:12 пишува, *"Затоа оној кој што мисли дека стои, нека пази да не падне."* Духовниот свет е бескраен, па и нашето наликување на Бога сè повеќе и повеќе, исто така нема крај. На начинот на кој што земјоделецот ги посадува семињата на пролет, ги обработува житариците во текот на летото и ги жнее на есен, вие исто така морате постојано да напредувате со цел да ја усовршите вашата душа и да бидете подготвени за средбата со Господа Исуса.

## Виткање И Кинење На Главата

Какви видови на казни ја очекуваат ваквата душа, која што престанала да го обрежува своето срце, бидејќи мислела дека стои цврсто, а сепак паднала?

Една машината која што наликува на гласникот на пеколот, на паднатиот ангел, ќе го измачува. Машината ќе биде неколку пати поголема отколку што е самиот гласник на пеколот, па душата ќе се престраши со самото гледање на неа. На рацете на машината за измачување има остри и шилести нокти кои што ќе бидат подолги од должината на едно просечно човечко суштество.

Оваа голема машина за измачување ќе ја држи душата за нејзиниот врат, со нејзината десна рака и ќе и ја витка главата на душата со ноктите на левата рака, кои што ќе ја искинат неговата глава и ќе пробиваат во неговиот мозок. Можете ли воопшто да замислите колку болно мора да е сето тоа?

Физичката болка е исклучителна; менталното страдање е дури и поголемо. Пред очите на душата ќе поминуваат прикази кои што живописно ќе ги претставуваат нејзините најсреќни моменти во овој живот: среќата почувствувана за прв пат кога душата ја искусила Божјата милост, среќно го прославувала Него, времето кога била нестрплива да ја исполни заповедта на Исуса да „оди и да создаде ученици кај сите народи," и слични нешта.

### Менталното Измачување И Потсмевање

За душата, секоја сцена ќе претставува бодеж во неговото срце. Тој еднаш бил слуга на семоќниот Бог и бил исполнет со надежта за живеењето во славниот Нов Ерусалим. Сега тој е заточен во ова ужасно место. Овој силен контраст ќе го распарчува неговото срце. Душата нема повеќе да може да го издржи менталното измачување и ќе си ја покрива крвавата, испокината глава и своето лице со рацете. Таа душа ќе моли за милост и за крај на измачувањата, но нема да има крај на нејзините страдања.

По кратко време, машината за измачување ќе ја испушти душата на тлото. Тогаш гласниците на пеколот кои што ќе ги гледаат страдањата на душата, ќе ја опкружат и ќе и се исмејуваат кажувајќи, „Како си можел да бидеш слуга Божји? Ти стана апостол на Сатаната, а сега си забава за Сатаната."

Кога ќе го слуша потсмевањето, ќе издишува и ќе моли за милост, тогаш двата прста од десната рака на машината за измачување ќе го подигаат за вратот. Не обрнувајќи внимание на прпелкањата на душата машината ќе го подига во висината на нејзиниот врат и ќе ја прободува неговата глава со острите и шилести нокти на нејзината лева рака. Машината ќе предизвикува дополнително измачување преку повторното прикажување на сликите. Ваквото измачување ќе продолжи сé до Судниот Ден.

## 5. Врзан За Стебло Од Дрво

Ова е казнувањето наменето за еден поранешен слуга Божји, кој што еднаш порано ги подучуваше членовите на неговата црква и кој што извршуваше многу важна функција.

### Спротивставувањето На Светиот Дух

Оваа душа, по својата природа, ја имаше силната желба за славата, за материјална добивка и за моќта. Тој трудољубиво си ги извршуваше своите задолженија, но не успеа да ја согледа својата грешност. Во еден момент, тој престана да се моли и да вложува напори за да си го обреже своето срце. Несвесно, сите видови на зло израснаа во него како отровните печурки и кога црквата на која што и служеше се соочи со голема криза, тој веднаш беше превземен од силата на Сатаната.

Кога тој му се спротивстави на Светиот Дух, откако беше

искушуван од Сатаната, неговите гревови станале уште потешки, бидејќи тој беше водач на неговата црква, па поради тоа негативно влијаеше на многу членови од црквата и го попречуваше кралството Божјо.

## Подложен И На Измачувањето И На Исмевањето

Овој човек го добива казнување додека е врзан за стеблото од дрвото во Долниот Гроб. Неговата казна не е толку жестока како онаа на Јуда Искариот, но сепак е тешка и неиздржлива.

Гласникот на пеколот ќе и го покажува на душата слајд шоуто од сликите на сцените од најсреќните моменти на неговиот живот, најчесто во времето кога бил верен слуга Божји. Ова ментално измачување ќе го потсетува дека некогаш порано уживал во среќните времиња и во можноста да ги прима изобилните благослови од Бога, но тој никогаш не успеал да си го обреже неговото срце, поради својата алчност и неискреност и тој сега е тука за да ја поднесува оваа грозна казна.

Од таванот висат безброј црни плодови, па откако ќе и ги прикаже на душата сцените од сликовниот приказ, гласникот на пеколот ќе покаже кон таванот и ќе му се потсмева кажувајќи му, „Твојата алчност даде вакви плодови!" Тогаш плодовите ќе почнат еден по еден да паѓаат. Секој од плодовите ќе ја претставува главата на сите оние кои што го следеле во спротиставувањето кон Бога. Тие го имаат извршено истиот грев заедно со оваа душа, па затоа остатокот од нивните тела, по силното измачување им бил отсечен. Им останале само нивните глави, кои што ќе висат од таваницата. Душата која што е врзана за дрвото ги навела и искушала овие луѓе, тука на овој свет, да ги следат патиштата на неговата алчност и да го прават злото и затоа тие станале плодови на неговата алчност.

Кога и да му се потсмева некој слуга на пеколот, тоа потсмевање ќе биде сигнал да овие плодови почнат да паѓаат и да се распукуваат, еден по еден. Тогаш главата, со тропот ќе се стркала од вреќата. Драмите, историските или акционите документарци, претставите или филмовите во кои што грлото на ликот е расечено, вообичаено ја прикажуваат главата на мртвиот лик со неуредна коса, крваво лице, модри усни и ококорени очи. Главите кои што ќе паѓаат од таванот ќе изгледаат многу слично на главите од таквите драми или филмови.

## Главите Паднати Од Таванот Се Искачуваат По Душата

Кога грозните глави ќе паднат од таваницата, тие ќе се искачуваат по душата една по една. Тие прво ќе се искачуваат по неговите нозе и ќе му ги прегризуваат.

Една друга сцена од прикажаните слики ќе поминува пред очите на душата а гласникот на пеколот повторно ќе го исмева, кажувајќи, „Гледај, твојата алчност виси како ова!" Тогаш, уште една вреќа ќе падне од таванот, ќе се искине, и другата глава ќе се искачи и жестоко ќе и ги прегризе рацете на душата.

На овој начин, секогаш кога гласникот на пеколот ќе и се потсмева на душата, главите од таванот ќе паѓаат една по една. Овие глави ќе се распоредуваат насекаде по телото на душата, што ќе изгледа како дрвото што дава изобилни плодови. Болката од каснувањата на овие глави ќе биде целосно поинаква од таа да се биде каснат од некого или пак од страна на животните од овој свет. Отровот од острите заби на овие глави ќе се шири од искасаните делови кон коските во внатрешноста и ќе го укочува и потемнува телото. Оваа болка ќе биде толку голема што и каснувањето од инсектите или раскинувањето од страна на ѕверовите ќе се чини многу помалку болно.

Душите на кои што ќе им останале само нивните глави ќе мора да страдаат во измачувањето при кое што остатокот од нивните тела ќе им биде отсечен и раскинат. Колку ли многу гнев ќе имаат во себе, кон оваа душа? Дури и ако му се спротивставиле на Бога поради нивното сопствено зло, нивната желба да му вратат за нивниот пат ќе биде многу злобна и очајна.

Душата многу добро ќе знае дека е казнета поради својата алчност. Сепак, наместо жалењето или покајувањето за своите гревови, таа ќе биде зафатена со проколнувањето на главите на другите души кои што ќе му го касаат и раскршуваат неговото тело. Како што ќе поминува времето, така и болката ќе и се зголемува, и душата ќе станува сé поизопачена и позла.

## Вие Не Смеете Да Направите Непростливи Гревови

Јас ви дадов пет примери на казнување кои што ќе се применуваат врз луѓето кои што му се спротивставиле на Бога. Таквите души ќе ги добијат потешките казнувања отколку повеќето други луѓе, бидејќи тие, во одреден момент од нивните животи, работеле за Бога, за да го прошират Неговото кралство, како водачи во црквата.

Ние ќе мораме тука да го запаметиме фактот дека многу од душите, кои што паднале во Долниот Гроб и кои што ги примаат казните, си мислеле дека веруваат во Бога и дека верно и страсно му служеле Нему, на Неговите слуги и на Неговата црква.

Понатаму, вие ќе морате да го запаметите тоа дека не треба никогаш да зборувате против, или да хулите на Светиот Дух. Духот на покајувањето нема да им биде даден на оние кои што му се спротивставуваат на Светиот Дух, особено поради фактот дека тие му се спротивставиле на Светиот Дух откако ја исповедале нивната вера во Бога и откако лично ги имаат доживеано делата на Светиот Дух. Затоа, тие нема ниту да можат да се покајат.

Од почетоците на моето свештенство па сé до денеска, јас никогаш не сум критикувал ниту една друга црква ниту пак некој друг слуга на Бога, и никогаш не сум ги прогласувал за „еретици." Ако другите цркви и свештеници веруваат во Светото Тројство, го препознаваат постоењето на небесата и на пеколот и ако ја проповедаат пораката на спасението преку Исуса Христа, како тогаш воопшто е можно да тие бидат еретици?

Уште повеќе, очигледно спротивставување кон Светиот Дух ќе биде ако се осуди и етикетира една црква или слуга преку кои што се прикажуваат Божјата моќ и присуство, и стануваат реафирмирани. Имајте на ум дека за таквиот грев, не постои прошка.

Затоа, сé додека не се одреди вистината, никој не може да осудува некого друг како „еретичен." Како дополнение, вие никогаш не би смееле да го извршите гревот на попречувањето и спротивставувањето кон Светиот Дух, преку вашиот јазик.

## Ако Ја Напуштите Должноста Зададена Од Бога

Ние никогаш не смееме да ги напуштиме должностите кои што ни биле зададени од Бога, врз основа на некоја наша одлука, под никакви околности. Исус ја нагласил важноста на должноста, преку параболата за талантите (Матеј 25).

Порано си бил еден човек кој што тргнувал на пат. Тој ги свикал неговите слуги и им ја доверил својата сопственост во согласност со нивните способности. Му дал пет таланти на првиот слуга, два на вториот и еден на последниот. Првиот и вториот ги вложиле парите да работат и секој добил два пати по толку. Но слугата кој што го добил едниот талант отишол, ископал една дупка во земјата и тука ги сокрил парите дадени од господарот. По подолго време, господарот се вратил и им побарал да му отчитаат сметка. Човекот кој што добил пет и оној кој што добил два таланта му ја прикажале нивната двојна заработка. Господарот го пофалил секој од нив кажувајќи, „Добро сработено, умни и верни слуги мои!" Тогаш човекот кој што го добил едниот талант бил заборавен, бидејќи тој не работел со парите и не добил никаква камата на истите, туку наместо тоа тој само ги сочувал.

„Талантот" во оваа парабола се однесува на било која должност зададена од Бога. Вие можете да видите дека Бог ќе го заборави оној кој што само и се придржува на својата должност. Сепак, голем број од луѓето околку нас, ќе ги напуштат своите должности кои што им биле зададени од Бога. Вие морате да сватите дека оние кои што ги напуштаат своите должности преку своја одлука, засигурно ќе бидат судени на Судниот Ден.

## Отфрлете Ја Хипокризијата И Обрежете Го Вашето Срце

Исус исто така се обрнал на важноста од обрежувањето на срцето, кога ги прекорил Фарисеите и книжниците и ги нарекол лицемерни. Се чинело дека книжниците и Фарисеите живеат верен живот, но нивните срца биле полни со зло, па затоа Исус ги прекорил кажувајќи им дека изгледаат како варосаните надгробни споменици.

> *„Тешко вам, книжници и Фарисеи, лицемери! Бидејќи многу наликувате на варосаните гробови, кои што однадвор изгледаат убаво, а одвнатре*

*се полни со мртовечките коски и со секаквата нечистотија. Така и вие, однадвор им се покажувате на луѓето како праведни, а одвнатре сте полни со лицемерност и беззаконие"* (Матеј 23:27-28).

Поради истата причина, бескорисно ќе ви биде да вие ја ставите својата најдобра шминка или да ги облечете најмодерните облеки, доколку вашето срце ви е исполнето со љубомората, омразата и ароганцијата. Повеќе од сé друго, Бог бара од нас да си ги обрежеме нашите срца и да го отфрлиме злото.

Евагенлизирањето, грижата за членовите на црквата и служењето на црквата, се сите важни. Сепак најважното нешто е да се љуби Бог, да се чекори во светлина и да се наликува сé повеќе и повеќе на Бога. Вие би требало да бидете свети исто како што и Бог е свет и би требале да бидете совршени исто како што и Бог е совршен.

Од една страна, доколку вашата сегашна страст за Бога не доаѓа од вашето искрено срце и од целосната вера, тогаш таа може да дегенерира и затоа не може да му биде угодна на Бога. Од друга страна пак, доколку некој си го обреже своето срце со цел да стане свет и целосен, тогаш срцето на таквата личност ќе ја емитиува аромата која што му ќе му биде навистина угодна на Бога.

Понатаму, без разлика колку многу имате научено или пак знаете од словото Божјо, нешто поважно за вас ќе биде да си го прилагодите вашиот ум да се однесува и да живее во согласност со словото. Вие би требале секогаш да го имате на ум постоењето на агонизирачкиот пекол, за да си го прочистите вашето срце, па за да можете кога Господ Исус пак ќе се врати, да бидете едни од првите кои што ќе го прегрнат Него.

1 Коринтјани 2:12-14 ни кажува, „*Но ние не го примивме Духот од овој свет, туку Духот, Кој што доаѓа од Бога, за да го дознаеме она, кое што ни е даровано од Бога; па тоа и го проповедаме не со зборовите научени од човечката мудрост, туку научени од Светиот Дух: комбинирајќи ги духовните мисли со духовните зборови. Но природниот човек не ги прима работите дадени од Божјиот Дух: бидејќи тие за него се безумство; и не може да ги разбере, бидејќи ќе треба духовно да се процени.*"

Без делата и помошта на Светиот Дух, кои што ни се откриваат преку Бога, како би можел било кој во телесниот свет да зборува за духовните нешта и да ги разбира нив?

Самиот Бог ни го има откриено ова сведоштво за пеколот и затоа секој дел од него е вистинит. Казните во пеколот се толку ужасни што наместо да ви ја изложам секоја поединост, јас ви опишав само неколку случаи на измачување. Исто така, имајте го на ум фактот дека помеѓу големиот број на луѓе кои што паднале во Долниот Гроб се наоѓаат и оние кои што некогаш му биле верни и лојални на Бога.

Ако ги немате соодветните квалификации, имено ако сте престанале да се молите и да го обрежувате вашето срце, вие речиси сигурно ќе бидете искушани од Сатаната да му се спротивставите на Бога и на крајот ќе бидете фрлени во пеколот.

Се молам во името на Господа да вие согледате колку ужасно и очајно место претставува пеколот, да настојувате да спасите колку што е можно повеќе души, ревносно да се молите, трудољубиво да го проповедате евангелието и секогаш да се преиспитувате себеси со цел да го достигнете целосното спасение.

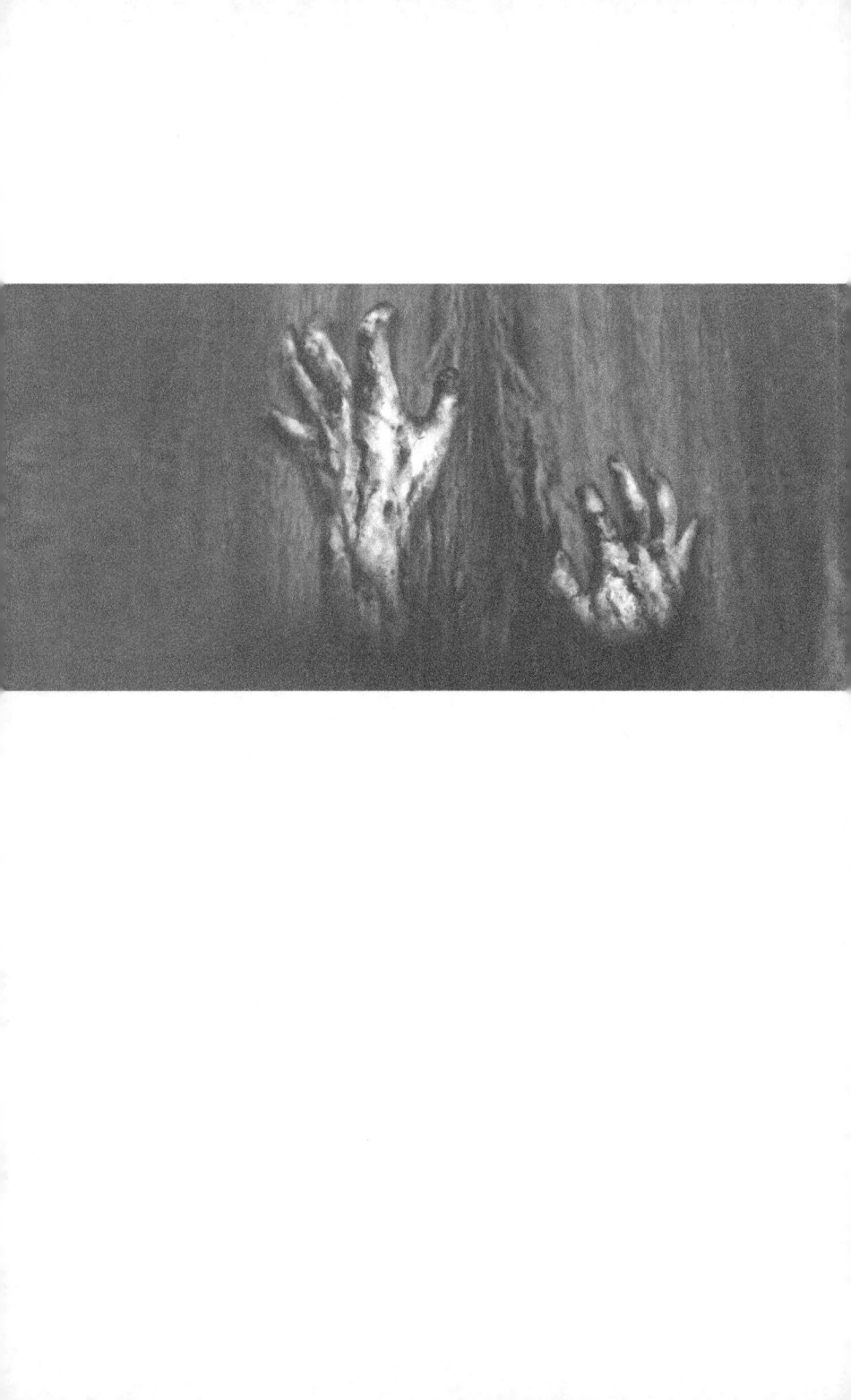

*Глава 7*

## Спасението Во Текот На Големите Страдања

1. Доаѓањето Христово И Подигањето На Небесата
2. Седумгодишните Големи Страдања
3. Маченишството За Време На Големите Страдања
4. Второто Христово Доаѓање И Илјадалетието
5. Подготвувањето Да Се Биде Прекрасната Невеста На Бога

„Ова Евангелие за кралството ќе биде
проповедано по целиот свет, како сведоштво
за сите народи; и тогаш ќе дојде крајот."
- Матеј 24:14 -

„И друг ангел, трет по ред, ги следеше зборувајќи гласно:
Кој што ќе му се поклони на ѕверот и на ликот негов,
и ќе го прими белегот на челото или на раката своја,
тој ќе пие од виното на јароста Божја, виното неразводнето,
излиено во чашата на Неговиот гнев, и ќе биде мачен со огнот
и сулфурот во присуството на светите ангели и во присуството на
Агнецот. Димот од мачењето нивно ќе се издига во сите векови;
нема да имаат мир ниту дење, ниту ноќе, оние кои што ќе му
се поклониле на ѕверот и на неговиот образ, и кои што ќе
го примат белегот на неговото име!"
- Откровение 14:9-11 -

Кога ќе обрнеме поголемо внимание на денешниот тек на историјата или пак на пророштвата запишани во Библијата, ние можеме да сватиме дека времето е созреано и дека има уште малку до доаѓањето на Господа. Во скоро време, имаше бројни земјотреси и поплави чии што магнитуди се споредуваат само со таквите кои што се случуваат на неколку стотици години.

Како дополнение на сето тоа, честите шумски пожари од голем обем, ураганите и тајфуните оставија уништување позади себе и огромен број на жртви. Во Африка и Азија, голем број на луѓе страдаа и умреа од гладта предизвикана од долготрајните суши. Најголем дел од светот ги доживеа и искуси ненормалните временски услови предизвикани од уништувањето на озонската обвивка, „Ел Нињо," „Ла Нина," и многуте други.

Уште повеќе, се чини дека им нема крај на војните и судирите помеѓу земјите, на терористичките акти и на другите облици на насилство. Свирепоста над моралните принципи на човекот стана секојдневно случување и е прикажувано низ масовните медиуми.

Ваквите феномени веќе се пророкувани од Исуса Христа пред две илјади години, кога Тој им одговорил на прашањето на Неговите ученици, *„Кажи ни, кога ќе се случат тие нешта и кој ќе биде знакот на Твоето доаѓање, и на крајот на светот?"* (Матеј 24:3)

На пример, колку ли се точни овие стихови денеска?

> *Зашто ќе се дигне народ против народ, и кралство против кралство; и на многу места ќе има глад и потреси. Но тие нешта ќе бидат само почетокот на породилните болки (Матеј 24:7-8).*

Затоа, ако ја имате вистинска вера, вие би требало да знаете дека денот на Исусовото враќање е многу блиску и да продолжите да внимавате како што тоа го направиле петте мудри девојки (Матеј 25:1-13). Вие никогаш не би требале да бидете како другите пет девојки кои што не си подготвиле доволно масло за нивните ламби.

## 1. Доаѓањето Христово И Подигањето На Небесата

Пред околу две илјади години, нашиот Господ Исус Христос, умрел на крстот и на третиот ден повторно оживеал, враќајќи се од мртвите и се воздигнал на небесата пред многу луѓе. Делата на Светите Апостоли 1:11 ни кажува дека *"Овој Исус, Кој што од вас се вознесе на небото, ќе дојде пак на истиот начин, како што Го видовте да оди на небесата."*

### Исус Ќе Се Врати На Облаците

Исус Христос го отворил патот на спасението, се вознел на небото, седнал од десната страна на Бога и ни ги подготвува местата за нас. Во времето кое што Бог ќе го избере и кога нашите места на небесата ќе бидат подготвени, Исус ќе се врати назад за да не одведе како што и Исус има проречено во Јован 14:3, „*И кога ќе отидам и ќе ви приготвам место, пак ќе дојдам и ќе ве земам при Себе за да бидете и вие каде што сум Јас.*"

### Како ќе изгледа глетката на Исусовото враќање?

1 Солуњани 4:16-17 ни ја опишува сцената во која Исус ќе слезе од небесата заедно со безбројните небесни сили и ангели и со мртвите во Христа.

> *Бидејќи Самиот Господ ќе се спушти од небесата со извик, со гласот на архангелот и со трубата Божја, и мртвите во Христа први ќе воскреснат. Тогаш оние кои што сме останале живи, заедно со нив ќе бидеме грабнати на облаците, за да се сретнеме со Господа во воздухот, и така засекогаш ќе бидеме со Господа.*

Колку величествено ќе биде тоа да Исус Христос се врати опкружен и чуван од бројните небесни сили и ангелите на облаците! Тогаш, сите луѓе кои што се спасени со верата ќе бидат подигнати во воздухот и ќе присуствуваат на Седумгодишната Свадбена Веселба.

Оние кои што се веќе мртви но спасени во Христа, прво ќе воскреснат и потоа ќе бидат подигнати во воздухот, следени од оние кои што ќе бидат сеуште живи во моментот на Исусовото враќање, чии што тела ќе се претворат во нераспадливи тела.

## Подигањето И Седумгодишната Свадбена Веселба

„Подигањето" претставува настан во кој што верниците ќе бидат подигнати во воздухот. Каде тогаш се наоѓа „воздухот" споменат во 1 Солуњани 4?

Според Ефесјаните 2:2, кое што кажува *„во кој што некогаш живеевте според животот на овој свет, во согласност со принцот на силата на воздухот, на духот, кој што сега дејствува во синовите на неверието,"* „воздухот" тука се однесува на местото каде што злите духови ја имаат власта.

Но ова место за злите духови не го посочува местото на Седумгодишната Свадбена Веселба. Богот нашиот Отец, има подготвено посебно место за Прославата. Причината зошто Библијата го нарекува подготвеното место „воздух" кое што е истото име и за местото за злите духови, е во тоа што и двете места се наоѓаат во ист простор.

Кога вие неодредено ќе погледнете кон небото, за вас може да претставува потешкотија да разберете каде точно се наоѓа „воздухот" – во кој што ние ќе се сретнеме со Исуса и каде што ќе се одржи Седумгодишната Свадбена Веселба. Одговорите на ваквите прашања се наоѓаат во „Предавањата за Битието" и во дводелното издание Небеса. Ве молам да им обрнете внимание на овие пораки, бидејќи тоа е од витално значење за да можете точно да го разберете духовниот свет и да поверувате во Библијата каква што е.

Можете ли да си замислите колку среќни ќе бидат сите Исусови верници кои што се подготвувале себеси како Неговите невести, кога конечно ќе се сретнат со нивниот младоженец и ќе присуствуваат на нивната свадбена веселба, која што ќе трае седум години?

> *„Да се радуваме и да се веселиме и да Му ја оддадеме славата Нему, бидејќи дојде свадбата на Агнецот и Неговата невеста се има подготвено.“*
> *И ѝ се даде да се облече во чист и светол висон. А висонот е праведноста на светиите. И потоа ми кажа, „Напиши – блажени се поканетите на свадбената вечера при Агнецот.“ А ми рече уште, „Ова се вистински Божји зборови“* (Откровение 19:7-9).

Од една страна, оние верници кои што ќе бидат подигнати во воздухот, ќе ја добијат наградата бидејќи го победиле светот. Од друга страна пак, оние кои што нема да бидат подигнати, ќе страдаат од измачувања кои што ќе бидат од незамислив опсег, од страна на злите духови кои што ќе бидат истерани од воздухот тука на земјата, кога ќе се врати Исус.

## 2. Седумгодишните Големи Страдања

Додека верниците кои што биле спасени ќе уживаат во свадбената гозба во воздухот, заедно со Исуса Христа, цели седум години, ќе ја споделуваат радоста со Него и ќе ја планираат нивната среќна иднина, сите оние кои што ќе бидат оставени долу на земјата, ќе се соочат со страдањата од еден незамислив степен во текот на тие седум години и тогаш ќе му се случат на човештвото, неописливи и ужасни катастрофи.

### III Светска Војна И Знакот На Ѕверот

Во текот на нуклеарната војна која што ќе се случи на глобално ниво, III Светска Војна, една третина од сите дрвја на земјата ќе биде изгорена и една третина од човештвото ќе биде уништено. За време на таа војна ќе биде многу тешко да се најде добар воздух за дишење и чиста вода за пиење, поради големото загадување, а цените на прехрамбените и неопходните производи, ќе се искачат до небото.

Знакот на ѕверот „666," ќе биде претставен и тогаш на секого ќе му биде наложено да го прими или на својата десна рака или на челото. Доколку некоја единка одбие да го прими знакот, тогаш неговиот/нејзиниот идентитет нема да биде гарантиран, и тој/таа нема да може да направи никакви трансакции, ниту пак да може да си ги купи дури и најосновните нешта.

*И ќе направи да на сите – мали и големи, богати*

и сиромашни, слободни и робови – им се стави белег на десната рака или на челата нивни, така да никој нема да може ниту да купи, ниту да продаде, освен оние кои што го имаат белегот, било името на ѕверот, или пак бројот на името негово. Тука е мудроста. Оној кој што разбира, нека го пресмета бројот на ѕверот, бидејќи тоа е бројот на човекот, и бројот му е шестотини шеесет и шест (Откровение 13:16-18).

Помеѓу оние луѓе кои што ќе бидат оставени по доаѓањето Господово и подигнувањето, ќе бидат и луѓето кои што го имаат слушнато евангелието или кои што оделе во црквата, па сега ќе се сеќаваат на словото Божјо.

Тука ќе бидат оние кои што намерно ја наущтиле својата вера и некои други кои што мислеле дека веруваат во Бога, но сепак биле оставени на земјата. Доколку овие луѓе со полно срце верувале во Библијата, тие тогаш би ги воделе добрите животи во Христа.

Наместо тоа, тие секогаш биле млаки и си кажувале себеси, „Јас ќе откријам дали постојат или не постојат небесата или пеколот, само откако ќе умрам," па затоа и го немале видот на верата кој што бил потребен за спасение.

## Казните За Луѓето Кои Што Го Примиле Белегот На ѕверот

Таквите луѓе ќе сватат дека секој збор во Библијата е

вистинит само откако ќе го посведочат Подигнувањето. Тие ќе тагуваат и горчливо ќе плачат. Опфатени од голем страв, тие ќе се покајуваат бидејќи не живееле според Божјата волја и очајно ќе го бараат патот кон спасението. Понатаму, бидејќи ќе знаат дека примањето на белегот на ѕверот единствено може да ги одведе во пеколот, тие ќе направат сé што е во нивна можност да го избегнат тоа. Дури и на овој начин, тие ќе се обидуваат да ја докажат нивната вера.

> *„И друг ангел, трет по ред, ги следеше зборувајќи гласно: Кој што ќе му се поклони на ѕверот и на ликот негов, и ќе го прими белегот на челото или на раката своја, тој ќе пие од виното на јароста Божја, виното неразводнето, излиено во чашата на Неговиот гнев, и ќе биде мачен со оганот и сулфурот во присуството на светите ангели и во присуството на Агнецот. Димот од мачењето нивно ќе се издига во сите векови; нема да имаат мир ниту дење, ниту ноќе, оние кои што ќе му се поклониле на ѕверот и на неговиот образ, и кои што ќе го примат белегот на неговото име! Тука е издржливоста на светите, на оние, кои што ги пазат заповедите Божји, и верата во Исуса"* (Откровение 14:9-12).

Сепак, нема да биде лесно да се одбие знакот на ѕверот, особено во светот во кој што злите духови во потполност ќе имаат превземено сé. Во исто време, злите духови исто така ќе знаат дека овие луѓе ќе го примат спасението, ако го одбијат знакот 666 и ако умрат со маченичка смрт. Така да, злите духови нема и не можат така лесно да се предадат.

Во времето на деновите од првите Христијански цркви, пред две илјади години, многу државни органи ги прогонувале и измачувале Христијаните преку распнувањето, обезглавувањето или пак со фрлањето на лавовите. Ако луѓето бидат прогонувани и убивани на овој начин за време на Седумгодишните Големи Страдања, тогаш голем број од нив ќе можат да ја примат брзата смрт. Сепак злите духови во текот на овие седум години воопшто нема да ги направат нештата полесни за луѓето кои што останале на земјата. Злите духови ќе се обидуваат да ги присилат луѓето да се одречат од Исуса, на било кој можен начин, преку ангажирањето на сите ресурси кои што ги имаат против луѓето. Ова не значи дека луѓето ќе можат да извршат самоубиство, за да го избегнат измачувањето, бидејќи самоубиството единствено води кон пеколот.

## Оние Кои Што Ќе Станат Маченици

Јас веќе ви споменав некои од суровите методи на измачување, кои што ќе се користат од страна на злите духови. Во текот на Големите Страдања ќе бидат употребувани разни методи на измачување, кои што се вон човечката имагинација. Уште повеќе, бидејќи измачувањата ќе бидат речиси невозможни да се издржат, само мал број на луѓе всушност ќе успеат да го примат спасението, во текот на овој период.

Затоа, секој од нас мора да биде духовно буден, во секое време и да ја има таквата вера што која ќе го подигне во воздухот, во времето на Христовото Доаѓање.

Додека се молев, Бог ми покажа една визија, во која што луѓето кои што ќе бидат оставени на земјата по Подигнувањето, ќе ги добиваат различните видови на измачување. Видов дека најголем број од луѓето нема да можат да ги издржат и дека на крајот ќе им се потчинат на злите духови.

Измачувањето ќе варира од дерењето на кожата на луѓето па сé до кршењето на нивните зглобови, до кинењето на прстите од рацете и нозете, и до истурањето на зовриено масло врз нив. Некои луѓе кои што ќе можат да го издржат своето сопствено измачување, нема да можат да издржат да ги гледаат нивните стари родители или малите деца како им страдаат, па така да и тие исто така, ќе му се покорат на знакот 666.

Сепак ќе постои и мал број на праведни луѓе кои што ќе успеат да ги надминат сите искушувања и измачувања. Овие луѓе ќе го примаат спасението. Иако тоа ќе биде срамното спасение и тие ќе влезат во Рајот, кој што им припаѓа на небесата, тие едноставно ќе бидат благодарни и ќе им биде мило бидејќи не паднале во пеколот.

Затоа е наша обврска да ја шириме пораката за пеколот, насекаде низ светот. Иако се чини дека луѓето не и обрнуваат внимание сега, ако се сетат на неа во текот на Големите Страдања, таа ќе им го поплочи патот кон спасението.

Некои луѓе кажуваат дека ќе умрат со маченичката смрт и ќе го примат спасението, доколку Подигнувањето навистина се случи, а тие бидат оставени на земјата.

Но како ќе можат тие да ја одбранат својата вера, ако не можат да ја имаат неа дури и во ова време на мир. Како тогаш ќе бидат во можност да го направат тоа во текот на едни такви брутални измачувања? Ние не можеме ниту да предвидиме што ќе ни се случи во текот на наредните десет минути. Доколку умрат пред и да ја добијат можноста да умрат со маченичката смрт, нив ќе ги очекува единствено пеколот.

## 3. Маченишвото За Време На Големите Страдања

За да ви помогнам полесно да го разберете измачувањето кое што ќе се случи за време на Големите Страдања, и да ви овозможам да останете духовно будни за да можете да го избегнете, дозволете ми дополнително да го објаснам со пример на една душа.

Бидејќи оваа жена ја имаше примено преобилната милост од Бога, таа можеше да ги види и да гу чуе големите, славните па дури и скриените нешта за Бога. Сепак нејзиното срце и беше исполнето со зло и таа имаше само мала вера.

Со таквите дарови дадени од Бога, таа ги извршуваше важните должности и ја одигра суштинската улога во ширењето на кралството Божјо, и често му угодуваше на

Бога со нејзините дела. Луѓето лесно можат да претпостават дека, „Ваквите луѓе со важни функции во црквата, мораат да ја имаат големата вера!"

Сепак, сето тоа не мора неопходно да биде точно. Од Божје гледиште, постојат безброј верници чија што вера е сѐ освен „голема." Бог не ја мери телесната вера, туку духовната вера.

## Бог Ја Сака Духовната Вера

Ајде накратко да ја разгледаме „духовната вера" преку случајот на избавувањето на Израелците од Египет. Израелците ги посведочиле и доживеале Божјите Десет Страдања. Тие го посведочиле разделувањето на Црвеното Море и давењето на Фараонот и неговата армија во него. Тие го доживеале водството Божјо преку столбот од облак дење и огнениот столб ноќе. Секој ден јаделе мана од небесата, го слушале гласот Божји како доаѓа од облаците и ги виделе Неговите огнени дела. Тие се напиле вода од карпата која што ја удрил Мојсеј, и виделе како горчливата вода од Мара станува питка. Иако постојано посведочувале на делата и знаците од живиот Бог, нивната вера ниту му била угодна, ниту била прифатлива за Бога. Затоа на крајот, тие не можеле да влезат во Ветената Земја Канаанска (Броеви 20:12).

Од една страна, верата на еден човек без дејствувањето, без оглед колку тој го познава словото Божјо и ги посведочил и слушнал Неговите дела и чуда, не претставува вистинска вера. Од друга страна пак, ако се здобиеме со духовната вера, нема да можеме да престанеме со учењето на словото Божјо; ќе му станеме покорни на словото, ќе си ги обрежеме нашите срца и ќе го избегнуваме секој вид на зло. Дали ја имаме „големата" или „малата" вера, се одредува според степенот до кој што сме му покорни на словото Божјо, се однесуваме и живееме според него и до степенот до кој што наликуваме на срцето Божјо.

## Повтореното Непочитување Поради Арогантноста

Во оваа смисла, таа жена ја имала малата вера. Некое извесно време таа се обидувала да си го обреже своето срце, но не можела во потполност да го напушти злото. Како дополнение, бидејќи таа беше во позиција да го проповеда словото Божјо, таа стана уште поарогантна.

Таа си мислеше дека ја има вистинската и силна вера. Таа отиде толку далеку да почна да си мисли дека волјата Божја нема да се исполни или изврши без нејзиното присуство или помош. Уште повеќе, наместо да му оддаде слава на Бога поради нејзините од Бога дадени дарови, таа сакаше да си ја припише заслугата на себеси. Понатаму, таа ги користеше средствата наменети за Бога, што и беа дадени на располагање, со цел да си ги задоволи желбите на нејзината грешна природа.

Таа континуирано продолжуваше со непочитувањето. Иако знаеше дека е Божја волја да тргне кон исток, таа сепак одеше кон запад. На начинот на кој што Бог го напушти Саула, првиот крал на Израел поради неговото непочитување (1 Самуил 15:22-23), иако луѓето веќе еднаш

Пекол

биле употребени како алатките Божји за да се исполни и да се прошири кралството Божјо, продолженото непочитување единствено може да го принуди Бога, да го сврти Неговиот образ од нив.

Бидејќи таа жена го знаела словото, таа била свесна за нејзините гревови и постојано се покајувала. Сепак, нејзината покајничка молитва била само со нејзините усни, а не од нејзиното срце. На крајот завршила со повторувањето на истите гревови, а со тоа само го зголемувала ѕидот на гревот помеѓу неа и Бога.

2 Петар 2:22 ни кажува, *„Ним им се случува според вистинската поговорка, 'Песот се навраќа на својата повраќаница,' и, 'Искапената свиња се враќа кон валкањето во калта.'"* По покајувањето на нејзините гревови, таа си ги извршуваше истите гревови одново.

На крајот, бидејќи беше заробена во нејзината горделивост, алчност и безбројните гревови, Бог го заврте Неговиот образ од неа и таа стана алатка на Сатаната, во спротиставувањето кон Бога.

### Кога е дадена последната можност за покајување

Вообичаено, на оние кои што зборуваат против Светиот Дух, му се спротивставуваат или хулат на него, на таквите личности не може да им биде простено. Никогаш повторно тие нема да ја добијат можноста да се покајат и ќе завршат во Долниот Гроб.

Сепак постои нешто поинакво во врска со оваа жена. И

покрај сите гревови и зла кои што го вознемирувале Бога во повеќе наврати, Тој сепак и оставил една последна можност, да се покае. Сето тоа било така бидејќи жената порано била бесценета Божја алатка во остварувањето на Неговото кралство. Иако жената ја беше напуштила својата должност и ветувањето за славата и за небесните награди, бидејќи таа порано силно му угодувала на Бога, Тој и дал уште една, последна можност, за покајание.

Таа сеуште му се спротивставува на Бога, па затоа исчезнал Светиот Дух, кој што бил во неа. Сепак, преку посебната милост Божја жената ја добила уште едната последна шанса да се покае и да го прими спасението за време на Големите Страдања, преку маченштвото.

Нејзините мисли сеуште и се вклештени под контролата на Сатаната, но по подигнувањето таа ќе може да се освести. Бидејќи таа толку добро го знае словото Божјо, таа исто така е многу добро свесна за патеката која што и претстои. По согледувањето дека единствениот начин да го прими спасението ќе биде маченштвото, таа тогаш темелно ќе се покае, ќе ги прибере Христијаните што останале, ќе одржува богослужби, ќе го обожува Бога и ќе се моли со нив, подготвувајќи се за нејзиното маченштво.

## Маченичка Смрт И Срамно Спасение

Кога ќе дојде времето, таа ќе одбие да го прими белегот 666 и поради тоа ќе биде измачувана од оние кои што се контролирани од Сатаната. Тие ќе и ја дерат нејзината кожа, слој по слој. Со оган ќе и ги унаказат и најмеките и најинтимните делови од нејзиното тело. Ќе измислат посебна метода за да нејзиното измачување биде болно и да трае најдолго што може. Потоа просторијата каде што ќе се одвива мачењето ќе биде исполнета со мирисот на изгорено месо. Нејзиното тело ќе биде облеано со крв од главата до ножните прсти, нејзината глава ќе биде обесена надолу, а нејзиното лице ќе биде обоено во темно сина боја налик на труп.

Ако успее да го издржи ова измачување до крајот, без оглед на безбројните гревови и злото од минатото, таа ќе го прими барем срамното спасение и ќе влезе во Рајот. Во Рајот, предградието на небесата и најодалеченото место од Престолот на Бога, жената ќе тагува и ќе жали поради нејзините дела во овој живот. Се разбира, таа ќе биде благодарна и радосна поради тоа што ќе биде спасена. Сепак во времињата кои што доаѓаат, таа ќе тагува и ќе копнее за Новиот Ерусалим, кажувајќи, „Камо да го напуштев злото и со полно срце да ја извршував должноста кон Бога, тогаш ќе бев на најславното место во Новиот Ерусалим..." Кога ги види луѓето кои што ги познавала во овој живот како живеат во Новиот Ерусалим, таа тогаш ќе се чувствува непријатно и засрамено.

### Доколку Го Прими Белегот 666

Доколку не го издржи измачувањето и го прими белегот на ѕверот, пред Илјадалетието, таа ќе биде фрлена во Долниот Гроб и ќе биде казнета така што ќе биде распната на крст, на десната страна од Јуда Искариот. Нејзините казнувања во Долниот Гроб ќе бидат повторување на измачувањето кое што го има примено во текот на Големите Страдања. Во текот на преку илјада години, кожата од нејзиното тело ќе и биде дерена и согорувана со огнот.

Гласниците на пеколот и сите оние кои што го направиле злото следејќи ја, тогаш ќе ја измачуваат оваа жена. Тие исто така ќе бидат казнети заради нивните зли дела и ја изразуваат својата болка и гнев врз неа.

Тие ќе бидат казнети на овој начин во Долниот Гроб до крајот на Илјадалетието. После Судниот Ден, овие души ќе одат во пеколот каде што ќе горат во огнот и сулфурот и тука само најтешките казни ќе ги исчекуваат.

## 4. Второто Христово Доаѓање И Илјадалетието

Како што е погоре споменато, Исус Христос ќе се врати во воздухот и оние кои што ќе бидат подигнати, ќе уживаат во седумгодишната свадбена веселба заедно со Него, додека Големите Страдања ќе траат и ќе се спроведуваат од страната на злите духови, кои што ќе бидат истерани од воздухот.

Потоа, Исус Христос ќе се врати на земјата и ќе започне Илјадалетието. Злите духови, во тоа време ќе бидат затворени во Безната. Оние кои што присуствувале на Седумгодишната Свадбена Веселба и оние кои што умреле со маченичка смрт за време на Големите Страдања, тогаш ќе владеат со земјата и ќе ја споделуваат љубовта со Исуса Христа во текот на илјада години.

*Блажен и свет е оној, кој што ќе има удел во првото воскресение; над нив втората смрт нема да има власт, туку ќе бидат свештениците на Бога и на Христа и ќе владеат со Него илјада години* (Откровение 20:6).

Малиот број на телесните луѓе кои што ќе ги преживеат Големите Страдања, исто така ќе живеат на земјата во текот на Илјадалетието. Но оние кои што ќе умрат без да го примат спасението, ќе продолжат да бидат казнувани во Долниот Гроб.

### Илјадагодишното Кралство

Кога ќе настапи Илјадалетието, луѓето ќе уживаат во мирниот живот сличен на деновите поминати во Градината Едемска, бидејќи злите духови нема да бидат тука. Исус Христос и спасените, духовни луѓе ќе живеат во град, кој што ќе наликува на кралски замок и ќе бидат одвоени од телесните луѓе. Духовните луѓе ќе живеат во градот, а телесните луѓе кои што ќе ги преживеат Големите Страдања, ќе живеат надвор од градот.

Пред да започне Илјадалетието, Исус Христос ќе ја прочисти земјата. Тој ќе го прочисти загадениот воздух и ќе ги обнови дрвјата, растенијата, планините и потоците. Ќе создаде една убава средина.

Телесните луѓе ќе настојуваат да родат колку што е можно повеќе потомци, бидејќи ќе бидат останати само неколку од нив. Чистиот воздух и отсуството на злите духови, нема да оставаат простор за болести и зло. Неправедноста и злото во срцето на телесните луѓе нема да се прикажува во текот на ова време, бидејќи злите духови кои што го емитираат злото, ќе бидат затворени во Бездната.

Тогаш луѓето ќе живеат по повеќе стотици години, слично на деновите пред Ное. Набргу потоа земјата ќе биде исполнета со голем број на луѓе. Тогаш луѓето нема да јадат месо туку овошје, бидејќи воопшто нема да постои уништување на животот.

Понатаму, ќе им биде потребно многу време за да можат да го достигнат нивото на денешниот научен напредок, бидејќи поголемиот дел од цивилизацијата ќе биде уништен во војните за време на Големите Страдања. Како што ќе поминува времето, така и нивото на нивната цивилизација ќе може да го достигне денешниот степен на развиток, зголемувајќи ја нивната мудрост и знаење.

## Духовните Луѓе И Телесните Луѓе Живеат Заедно

Нема да им биде потребно на духовните луѓе кои што ќе живеат заедно со Исуса Христа на земјата, да јадат исто како што телесните луѓе ќе јадат, бидејќи телата на првоспоменатите веќе ќе бидат преобразени во воскреснатите, духовни тела. Тие обично ќе ја впиваат аромата на цвеќињата и нешта слични на тоа, но ако сакаат, тие ќе можат да ја внесуваат истата храна која што ќе ја внесуваат и телесните луѓе. Но духовните луѓе нема да уживаат во физичка храна дури и да јадат од неа, тие исто така не исфрлаат отпадни материи, на начинот на кој што тоа го прават телесните луѓе. Како што воскреснатиот Исус дишел откако го изел парчето риба, исто така храната која што духовните луѓе ќе ја внесат, ќе се разложува во воздухот, преку дишењето.

Духовните луѓе исто така ќе им го проповедаат и ќе им го посведочат Исуса Христа на телесните луѓе, за да на крајот на Илјадалетието, кога злите духови накратко повторно ќе бидат ослободени од Безната, телесните луѓе не бидат искушани. Тоа ќе биде времето пред Судниот Ден, па затоа Бог ги нема трајно затворено злите духови во Безната, туку само на илјада години (Откровение 20:3).

## На Крајот На Илјадалетието

Кога ќе заврши Илјадалетието, злите духови кои што биле затворени во Безната во текот на илјада години, ќе бидат накратко повторно ослободени. Тие ќе почнат да ги искушуваат и мамат телесните луѓе, кои што пред тоа мирно си живееле. Најголемиот број од телесните луѓе ќе паднат во искушение и ќе бидат заведени, без оглед колку многу духовните луѓе ги имаат подучувано против тоа. Иако духовните луѓе веќе во детали ги имаат предупредено за нештата кои што ќе се случат, телесните луѓе сепак ќе паднат во искушение и ќе планираат да им се спротиставaт и да поведат војна против духовните луѓе.

*А кога ќе се навршат илјада години, сатаната ќе биде пуштен од затворот свој, и ќе излезе да ги прелаже народите по четирите краишта на земјата, да ги собере Гога и Магога за војна; бројот нивни ќе биде колку морскиот песок. Тие ќе излезат по ширината земна и ќе го заобиколат живеалиштето на светиите и возљубениот град; тогаш ќе падне огнот небесен од Бога и ќе ги проголта* (Откровение 20:7-9).

Сепак Бог ќе ги уништи со оган телесните луѓе кои што ќе тргнат во војна и ќе ги фрли злите духови кои што биле накратко ослободени, назад во Безднaта, по Судот на Големиот Бел Престол.

На крајот, телесните луѓе кои што го зголемиле својот број во текот на Илјадалетието, исто така ќе бидат судени според правдата Божја. Од една страна, сите луѓе кои што не го примиле спасението – помеѓу кои се и оние кои што не ги преживеале Седумте Години на Големи Страдања – ќе бидат фрлени во пеколот. Од друга страна, оние кои што го примиле спасението ќе влезат на небесата и во согласност со нивната вера ќе живеат на различните места на небесата, т.е. во Новиот Ерусалим, Рајот итн.

По Судот на Големиот Бел Престол духовниот свет ќе биде поделен на небесата и на пеколот. За ова ќе ви објаснувам дополнително во следната глава.

## 5. Подготвувањето Да Се Биде Прекрасната Невеста На Бога

За да избегнете да бидете оставени кога ќе започнат Големите Страдања, вие треба да се подготвите себеси како убавата невеста на Исуса Христа и да го поздравите Него, при Неговото Доаѓање.

Матеј 25:1-13 е параболата за десетте девојки, која што им служи како голема лекција на сите верници. Дури и да можете да ја исповедате вашата вера во Бога, вие нема да бидете во можност да го поздравите вашиот младоженец Исус Христос, доколку немате подготвено доволно масло за вашата ламба. Пет од девојките си имале подготвено доволно масло па така да тие можеле да го пречекаат нивниот младоженец и да влезат на свадбената веселба. Другите пет девојки не подготвиле доволно масло и не можеле да и се придружат на веселбата.

Тогаш како би требало да се подготвиме себе си како што тоа го напавиле петте мудри девојки, за да станеме невести на Бога и да избегнеме да паднеме во Големите Страдања, туку наместо тоа, да учествуваме на Свадбената Веселба?

### Ревносно Молете Се И Останете будни

Дури и да сте нов верник и да ја имате слабата вера, сè

додека се трудите најдобро што можете да си го обрежете вашето срце, Бог тогаш ќе ве заштити дури и низ огнените искушенија. Без разлика колку и да се тешки околностите, Бог ќе ве обвие со покривката на животот и ќе направи да ги поминете тие искушенија со леснотија.

Но Бог не може да ги заштити дури ниту оние кои можеби и биле верници во текот на долг период, си ги извршувале од Бога зададените должности и кои што во голема мерка го знаеле словото Божјо, доколку тие престанат со нивните молитви, престанат да му се восхитуваат на прочистувањето и престанат да си ги обрежуваат своите срца.

Кога ќе се соочувате со тешкотии, ќе морате да бидете способни да го препознаете гласот на Светиот Дух, за да бидете во можност да ги надминете. Сепак, доколку не се молите, како тогаш би можеле да го чуете гласот на Светиот Дух и да водите победнички живот? Бидејќи вие нема да бидте во потполност исполнети со Светиот Дух, вие тогаш во поголема мерка ќе се потпирате на вашите сопствени мисли и постојано ќе паѓате, искушувани од Сатаната.

Сега кога се приближуваме кон крајот на светот, злите духови одат наоколу како лавовите кои што рикаат, во потрагата по некого да го проголтаат, бидејќи и тие самите знаат дека нивниот крај е исто така блиску. Ние често можеме да видиме како некој мрзлив студент почнува да се подготвува и да не спие само неколку дена пред испитите. Слично на ова, доколку сте верник кој што е свесен дека живееме во деновите блиску до крајот на светот, вие ќе морате да бидете будни и да се подготвите себеси како прекрасната невеста на Бога.

## Напуштете Го Злото И Наликувајте Му На Господа

Каков тип на луѓе се држат себеси будни? Тоа се луѓето кои што секогаш се молат, постојано се исполнети со Светиот Дух, веруваат во словото Божјо и живеат во согласност со него.

Кога цело време сте на штрек, вие тогаш стално ќе општите со Бога, па така да нема да можете да бидете искушувани од злите духови. Како дополнение на сето тоа, вие ќе можете лесно да ги надминувате сите искушенија, бидејќи Светиот Дух уште однапред ќе ве известува за нештата кои што треба да се случат, ќе ве води по вашиот пат и ќе ви дозволи да го сватите словото на вистината.

Сепак оние кои што не се држат на штрек, нема да можат да го слушнат гласот на Светиот Дух, така да ќе можат лесно да бидат искушани од Сатаната и да тргнат по патот на смртта. Да се биде буден значи да си го обрежете вашето срце, да се однесувате и да живеете според словото Божјо и да станете осветени.

Откровение 22:14 ни кажува *„Блажени се оние, кои што си ги перат алиштата свои, за да можат да го имаат правото на дрвото на животот и да можат да влезат во градот, низ портите."* Во овој стих, „алиштата" се однесува на формалното облекување. Духовно, „алиштата" се однесува на вашето срце и на вашето однесување. Да си ги „исперете алиштата свои" значи да го отфрлите злото и да го следите словото Божјо, да станете духовни и сè повеќе да наликувате на Исуса Христа. Оние кои што на овој начин се осветени ќе се здобијат со правото да влезат низ портите небесни и да уживаат во вечниот живот.

## Луѓе Кои Што Си Ги Испрале Своите Алишта Во Верата

Како би можеле темелно да си ги испереме нашите облеки? Вие прво морате да си го обрежете вашето срце преку словото на вистината и преку страстната молитва. Со други зборови, вие ќе морате да ја отфрлите секоја невистина и зло од вашето срце и да го исполните само со вистината. Исто како што ќе ја исперете нечистотијата од вашата облека во чистата вода, вие исто така треба да ги исперете вашите гревови, беззаконието и злото кои што се во вашето срце преку словото Божјо, водата на животот, и да си ги облечете облеките на вистината и да наликувате на срцето на Исуса Христа. Бог ќе го благослови секого кој што ќе прикаже вера преку делата и кој што си го обрежал своето срце.

Откровение 3:5 ни кажува, „*Оној кој што победува ќе биде облечен во бела облека, и нема да му го избришам името негово од книгата на животот, туку ќе го признаам името негово пред Мојот Отец и пред ангелите Негови.*" Луѓето кои што го победиле светот во верата и кои што чекорат во вистината, ќе уживаат во вечниот живот на небесата, бидејќи тие го имаат срцето на вистината и кај нив не може да се најде зло.

Спротивно на ова, луѓето кои што живеат во темнината немаат ништо заедничко со Бога, без оглед колку долго тие биле Христијани, бидејќи тие сигурно ќе го носат името дека се живи, а всушност ќе бидат мртви (Откровение 3:1). Затоа положете ја вашата надеж единствено во Бога кој што не суди за нас преку нашиот изглед, туку ги преиспитува нашите срца и дела. Исто така, секогаш молете се и почитувајте го словото Божјо за да можете да го достигнете совршеното спасение.

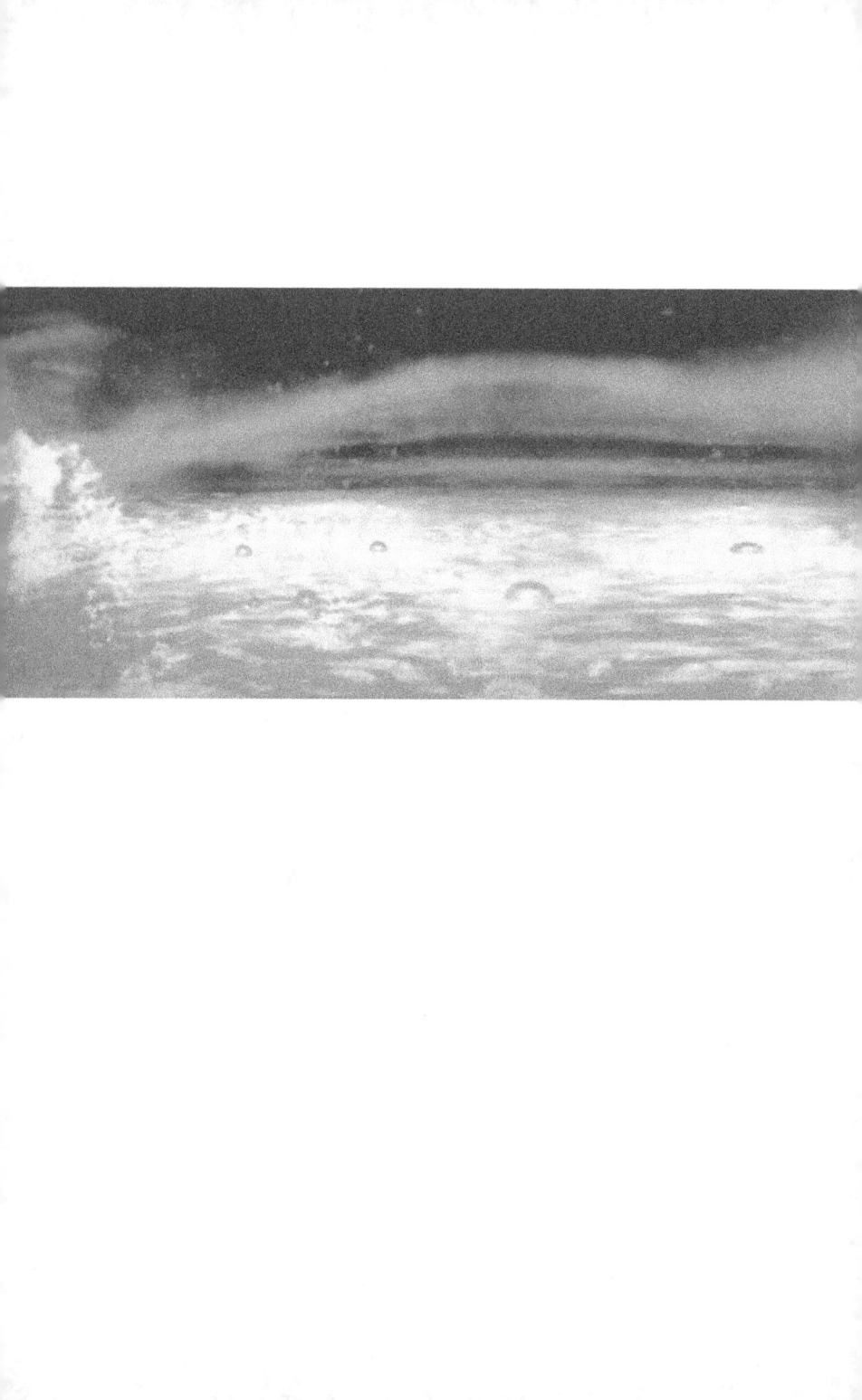

*Глава 8*

Казнувањето Во Пеколот
По Големиот Суд

1. Неспасените Души Паѓаат Во Пеколот По Судот
2. Огненото Езеро И Езерото Со Сулфур Што Гори
3. Некои Остануваат Во Долниот Гроб Дури И По Судот
4. Злите Духови Ќе Бидат Затворени Во Бездната
5. Каде Ќе Завршат Демоните?

„ [во пеколот]
каде што нивниот црв не умира,
и огнот не се гаси.
Затоа што секој со оган ќе се посоли."
- Марко 9:48-49 -


„А ѓаволот, кој што ги излажа,
беше фрлен во огненото и сулфурно езеро,
каде што ѕверот и лажниот пророк исто така се наоѓаат;
и ќе бидат измачувани дење и ноќе во век и веков."
- Откровение 20:10 -

Со Доаѓањето Христово започнува Илјадалетието на земјата, а потоа следи Судот на Големиот Бел Престол. Судот – кој што ќе одреди небеса или пекол, и награди или казнувања – ќе суди секого според тоа што личноста има направено во овој живот. Така некои ќе уживаат во вечната среќа на небесата, а други пак ќе бидат засекогаш казнети во пеколот. Да го разгледаме сега Судот на Големиот Бел Престол, преку кој што ќе се решава за небесата или за пеколот, и да видиме какво место претставува пеколот.

## 1. Неспасените Души Паѓаат Во Пеколот По Судот

Во јули 1982 година, додека се молев подготвувајќи се за почетокот на моето свештенство, го осознав во детали Судот на Големиот Бел Престол. Бог тогаш ми покажа една сцена во која што Тој седеше на Неговиот Престол, Господ Исус Христос и Мојсеј стоеја пред Престолот и оние кои што беа во улога на порота. Иако Бог суди со точност и непристрасност која што не може да се спореди со судењето на ниту еден судија од овој свет, Тој ќе ги донесува одлуките со Исуса Христа како адвокатот на љубовта, Мојсеја како обвинителот на Законот и луѓето, како поротници.

### Казнувањата Во Пеколот Ќе Се Решаваат На Судот

Откровение 20:11-15 ни кажува како Бог ќе суди со

точност и праведност. Судот ќе се изведува со Книгата на Животот во која што се запишани имињата на спасените и книгите во кои што се запишани сите дела на луѓето.

*И видов еден голем бел престол и го видов Него седнат на престолот, од чие што присуство бегаа и земјата и небесата, и за нив место не се најде. Потоа ги видов мртвите, малите и големи, како стојат пред пестолот; и се отворија книгите, и друга книга се отвори, книгата на животот; и мртвите беа судени според запишаното во книгите, според делата нивни. Морето ги даде мртвите кои што беа во него,; смртта и пеколот ги дадоа мртвите свои, кои што беа во нив; и секој го прими судот според делата свои. Потоа смртта и пеколот беа фрлени во огненото езеро. Тоа е втората смрт, огненото езеро. И ако нечие име не беше запишано во книгата на животот, тој беше фрлан во огненото езеро.*

„Мртвите" тука се однесува на сите оние кои што не го прифатиле Христоса како нивниот Спасител или пак ја имале мртвата вера. Кога времето на изборот Божји ќе дојде, „мртвите" ќе воскреснат и ќе застанат пред Престолот Божји, за да им биде судено. Книгата на Животот ќе биде отворена пред Престолот Божји.

Покрај Книгата на Животот, во која што се запишани имињата на сите спасени луѓе, ќе има и други книги во кои што секое дело на мртвите ќе биде запишано. Ангелите запишуваат сè што ќе направиме, зборуваме и мислиме, т.е. секое колнење, удирање некого, исполувањето на гнев, правењето добрина, итн. Исто како што можете долго време да ги зачувате живописните записи за одредени настани и дијалози со видео камера или со некои рекордери, исто така и Семокниот Бог ја зачувува секоја сцена од животот на личноста на земјата.

Така да Бог праведно ќе суди на Судниот Ден, според запишаното во тие книги. Оние кои што не се спасени ќе бидат судени според нивните зли дела и ќе ги добијат различни видови на казни во согласност со тежината на нивните гревови, во пеколот, за век и веков.

## Огненото Езеро Или Езерото Со Сулфурот Што Гори

Делот „морето ги даде мртвите свои кои што беа во него" не значи дека морето ги дало оние кои што се удавиле во него. Тука „Морето" духовно се однесува на светот. Тоа значи дека оние кои што живееле на овој свет и се претвориле во прав, ќе бидат воскреснати за да бидат судени пред Бога.

Што тогаш значи кога ќе се каже, „Смртта и Пеколот ги дадоа мртвите свои кои што беа во нив?" тоа значи дека оние кои што страдале во Долниот Гроб, наведен како Ад, исто така ќе воскреснат и ќе застанат пред Бога, за да им се суди. Откако ќе бидат осудени од Бога, најголем број од оние кои што страдале во Долниот Гроб ќе бидат фрлени или во огненото езеро, или во езерото со огнен сулфур, во согласност со тежината на нивните гревови, бидејќи како што е погоре споменато, казните во Долниот Гроб ќе се извршуваат сé до одржувањето на Судот на Големиот Бел Престол.

> *А на плашливците и на неверните, на поганите и убијците, на блудниците и маѓесниците, на идолопоклониците и на сите кои што лажат, делот ќе им биде во езерото што гори со оган и сулфур; тоа е втората смрт* (Откровение 21:8).

Казните во огненото езеро не можат никако да се споредат со оние во Долниот Гроб. Опишано е во Марко 9:47-49, *„И, ако окото твое те соблазнува, извади го; подобро е за тебе со едно око да влезеш во кралството Божјо, отколку да имаш две очи и да бидеш фрлен во пеколот, каде што нивниот црв не умира, а огнот не изгаснува. Бидејќи секој со оган ќе се посоли."* Уште повеќе, езерото со сулфурот што гори е седум пати пожешко од огненото езеро.

Сé до Судот, луѓето ќе бидат распарчувани од инсектите и ѕверовите, ќе бидат измачувани од гласниците на пеколот или ќе страдаат од разните видови на казни во Долниот Гроб, што служи како место за чекање на патот кон пеколот. По Судниот Ден ќе остане само болката од огненото езеро и езерото со сулфурот што гори.

## Агонијата Во Огненото Езеро Или Во Езерото Со Сулфурот Што Гори

Кога им ги пренесов пораките за овие стравични глетки на Долниот Гроб, многу од членовите на мојата црква не беа во состојба да ги задржат солзите или да не се наежат во жалењето на оние кои што се наоѓаат во таквото мизерно место. Сепак страдањата од казните во огненото езеро или во езерото со сулфурот што гори, ќе бидат многу потешки отколку било какво казнување во Долниот Гроб. Можете ли барем малку да ја замислите магнитудата на таквото измачување? Дури и ако се обидеме, постои едно ограничување за нас, кои што сеуште сме во тело, да ги разбереме духовните концепти.

Слично на тоа како што ние воопшто на можеме да ја согледаме славата и убавината на небесата, до највисок степен? Зборот „вечност" самиот по себе е нешто со кое што не сме блиски и присилени сме воглавно само да претпоставуваме. Дури и да се обидеме да си го замислиме животот на небесата заснован на „радоста," „среќата," „воодушевувањето," „убавината," и нешта слични на нив, сето тоа не е спредливо со фактичкиот живот кој што ние ќе го имаме во иднина, на небесата. Кога вие фактички ќе влезете во небесата, ќе видите сé со вашите очи и ќе го доживеете животот таму, тогаш вашата уста ќе ви остане широм отворена од запрепастување и ќе останете без збор. Слично на ова, ако самите не го доживееме реално измачувањето во пеколот, ние никогаш нема да можеме во потполност да ја опфатиме магнитудата и количината на страдањата, кои што се вон границите на овој свет.

## Оние Кои Што Паѓаат Во Огненото Езеро Или Во Езерото Со Сулфурот Што Гори

Иако ќе се обидам најдобро што можам, ве молам имајте го на ум тоа дека пеколот не е место кое што може да биде соодветно опишано со зборовите од овој свет, па дури и да го објаснам најдобро што можам, мојот опис ќе биде еднаков на еден милионити дел од ужасната реалност на пеколот. Понатаму, кога проколнатите души ќе се потсетат дека должината на измачувањето не им е ограничена туку дека ќе трае засекогаш, тогаш тие дури и повеќе ќе страдаат.

По Судот на Големиот Бел Престол, оние кои ги примиле првото и второто ниво на казнување во Долниот Гроб ќе бидат фрлени во огненото езеро. Оние кои што ќе го добијат третото и четвртото ниво на казнување ќе бидат фрлени во езерото со сулфурот што гори. Душите што веќе се наоѓаат во Долниот Гроб, знаат дека Судот сеуште не се случил, и тие знаат каде ќе бидат по Судот. Дури и додека се распарчувани од инсектите и од гласниците на пеколот, овие души ќе можат да го видат огненото езеро и езерото со сулфурот што гори, во пеколот, од далечина и ќе бидат многу свесни дека ќе бидат казнети таму.

Така да, душите во Долниот Гроб ќе страдаат не само од нивната тековна болка, туку исто така и од менталното измачување во стравот од нештата кои што дури треба да се случат по Судот.

## Извиците На Тага Од Душата Во Долниот Гроб

Додека се молев за откровенијата во врска со пеколот, преку Светиот Дух, Бог ми овозможи да ги чујам извиците на тага од една душа која што беше во Долниот Гроб. Додека ги читате зборовите на тагувањето, обидете се да го почувствувате макар и најмалото делче на стравот и очајот, кои што ја преплавуваат оваа душа.

Како би можело ова да биде фигура на човечко суштество?
Јас не изгледав вака во текот на мојот живот на Земјата. Мојата појава тука е застрашувачка и одвратна!

Во оваа бесконечна болка и очај,
како можам да се ослободам?
Што може да направам да побегнам од ова?
Може ли да умрам? Што би можел да направам?
Можам ли барем малку да најдам одмор сред
ова вечно казнување?
Има ли некој начин да го скратам овој клет живот
со оваа неиздржлива болка?

Го повредив моето тело за да се убијам, но не можам да умрам.
Нема крај...едноставно нема крај...

Нема крај на измачувањето на мојата душа.
Нема крај на мојот вечен живот.
Како можам да го опишам ова со зборови?
Наскоро ќе бидам фрлен
во големото огнено езеро без дно.
Како ли ќе го издржам тоа?

Измачувањето тука е навистина неиздржливо!
Тоа разбеснето огнено езеро е
толку ужасно, толку длабоко и толку жешко.
Како ли ќе го издржам тоа?
Како можам да избегам од тоа?
Како можам воопшто да избегам од ова измачување?

Камо да можев да живеам...
Камо да имаше начин за мене да живеам...
Камо да можев да бидам повторно роден...
Ќе можев барем да побарам пат за излез,
но не можам да го видам.

Тука постои само темнината, очајот и болката,
и постојат само фрустрации и тешкотии за мене.
Како ли ќе го издржам ова измачување?
Камо да можев повторно да живеам
Камо да Тој повторно можеше да ја
отвори вратата за мене да живеам...
Камо да можев да видам пат за излез од ова...

Те молам спаси ме. Те молам спаси ме.

ногу е застрашувачко и тешко за мене да го издржам тоа.

Те молам спаси ме. Те молам спаси ме.

Моите денови до сега беа болни и исполнети со повредување.

Како ли ќе одам во тоа огнено езеро?

Те молам спаси ме!

Те молам погледни на мене!

Те молам спаси ме!

Те молам имај милост за мене!

Те молам спаси ме!

Те молам спаси ме!

## Штом Веќе Ќе Бидете Фрлени Во Долниот Гроб

По завршувањето на животот на земјата, никој не ја добива „втората шанса." Ве очекува само носењето на товарот за секое ваше дело.

Кога луѓето ќе слушнат за постоењето на небесата и на пеколот некои кажуваат, „Ќе откријам откако ќе умрам." Сепак, откако сте умреле, веќе е предоцна. Бидејќи веќе нема враќање штом ќе умрете, вие треба ова да го знаете со сигурност пред да умрете.

Штом ќе бидете фрлени во Долниот Гроб, без разлика колку многу и да жалите, да се каете и да го молите Бога, вие нема да можете да ги избегнете ужасните казнувања. Нема да постои надеж за вашата иднина, туку само бескрајно измачување и очај.

Душата која што ја слушнавте да тагува, добро знае дека нема начин, ниту можност за спасение. Сепак, душата повикува кон Бога „за секој случај." Душата моли за милост и за спасение. Лелеците на оваа душа полека стануваат продорни врисоци, а овие крици само се бранууваат низ просторот на пеколот и исчезнуваат. Се разбира дека нема одговор.

Сепак, покајувањето на луѓето во Долниот Гроб не е искрено и сериозно иако тие очигледно тагуваат вредни за сожалување. Бидејќи во нивните срца сеуште останува злобата, знаејќи дека нивните крици се бескорисни, овие души почнуваат да зрачат уште повеќе зло и да го проколнуваат Бога. Ова јасно ни покажува зошто таквите души не можат да влезат во небесата.

## 2. Огненото Езеро И Езерото Со Сулфур Што Гори

Во Долниот Гроб, душите можат барем да молат, да обвинуваат и да тагуваат, прашувајќи се себеси, „Зошто сум тука?" Тие исто така, се плашат од огненото езеро и смислуваат начини како да избегаат од измачувањето, размислувајќи, 'Како сега да избегам од овој гласник на пеколот?'

Штом ќе бидат фрлени во огненото езеро, тие нема да можат да мислат на ништо друго освен на силната и бескрајна болка. Казнувањата во Долниот Гроб беа релативно лесни, во споредба со оние во огненото езеро.

Казнувањата во огненото езеро се незамисливо болни. Тие се толку болни што не можеме да ги разбереме или да си ги претставиме со нашите ограничении способности.

Ако сакате да си замислите барем едно мало делче од измачувањето, ставете сол на загреана тава за пржење. Ќе можете да видите дека солта ќе прска наоколу и дека сето тоа наликува на сцената во огненото езеро: душите се како солта што прска.

Исто така, замислете си дека сте во базен со зовриена вода, со температура од 100°C. Огненото езеро е многу потопло од зовриената вода, а езерото со сулфурот што гори е седум пати пожешко од огненото езеро. Штом ќе бидете фрлени во него, не постои начин да се избега од него и вие вечно ќе страдате во него. Првото, второто, третото и четвртото ниво на казнувањата во Долниот Гроб пред Судот, е многу полесно да се издржат.

Зошто тогаш Бог допушта да тие страдаат во Долниот Гроб, во текот на илјада години, пред да ги фрли во огненото езеро или во езерото со сулфурот што гори? Неспасените души ќе се прикажат себеси какви што се. Бог сака тие да сфатат поради кои причини се предодредени за така ужасно место како пеколот и темелно да се покајат за гревовите од минатото. Сепак, исклучително тешко е да се најдат луѓе кои што се покајале, а во поголема мерка тие зрачат со злото многу повеќе отколку било кога порано. Сега ние знаеме зошто Бог морал да го направи пеколот.

## Да Се Биде Осолен Со Огнот Во Огненото Езеро

Додека се молев во 1982 година, Бог ми покажа сцена од Судот на Големиот Бел Престол и накратко ми ги покажа и огненото езеро и езерото со сулфурот што гори. Овие две езера беа многу големи.

Од далечина, двете езера и душите во нив изгледаа како луѓе кои што се во топли термални извори. Некои луѓе беа потопени до градите, додека други пак беа потопени до вратот, а им се гледаа само главите.

Во Марко 9:48-49, Исус зборува за пеколот како за местото *„каде што нивниот црв не умира и огнот не изгаснува. Бидејќи секој со оган ќе се посоли."* Можете ли да си ја замислите болката во една таква ужасна средина? Овие луѓе обидувајќи се да побегнат, успеваат само да скокнат исто како што прска солта и да тропаат со забите.

Понекогаш луѓето во овој свет скокаат нагоре и надолу, додека играат или танцуваат доцна во ноќта по кафулињата. По извесно време, тие се изморуваат и се одмараат, доколку сакаат. Во пеколот, сепак, душите не скокаат од задоволство туку поради екстремната болка и секако, за нив нема одмор дури и ако тие тоа го посакуваат. Тие толку гласно врескаат од болка, што почнува да им се врти во главата и нивните сјајни очи стануваат модро сини и ужасно крвави. На крајот им есплодираат нивните мозоци и течностите од таму им се излеваат надвор.

Без оглед колку очајнички да се обидуваат, душите не можат да излезат надвор. Тие ќе се обидуваат да се избуткаат и ќе се искачуваат еден врз друг, но тоа ќе биде бескорисно. Секоја педа од огненото езеро, чиј што крај не може да се види, ја оджува истата температура, а температурата на езерото не се намалува ниту со текот на времето. До Судот на Големиот Бел Престол, Долниот Гроб бил контролиран со заповедите на Луцифера и сите казни биле определени според власта и силата на Луцифера.

По Судот, казнувањата ќе бидат одредувани од Бога и спроведувани во согласност со Неговото провидение и сила. Така да, температурата на целото огнено езеро може засекогаш да се одржува на истото ниво.

Овој оган ќе направи да душите страдаат но нема да ги убие. Исто како што деловите од телата на душите во Долниот Гроб се обновуваат дури и откако ќе бидат исечени или распарчени на парчиња, исто така и телата на душите во пеколот бргу ќе се обновуваат, откако ќе бидат согорени.

## Целото Тело И Органите Во Нив Ќе Бидат Согорени

Како се казнети душите во огненото езеро? Дали некогаш сте виделе сцена во стриповите, анимираните филмови или цртаните серии на телевизија, каде што личноста е изгорена со „високонапонски" електрицитет? Во моментот кога е изгорен, неговото тело се претвора во скелет со темно обоена надворешност која што го опкружува телото. Кога личноста ќе биде одвоена од електричното празнење, пак ќе изгледа вообичаено. Или претставете си слика од снимањето со рентген зраците кои што ги покажува внатрешните делови на човечкото тело.

На сличен начин, душите во огненото езеро, во еден момент ќе бидат прикажани во нивната физичка форма. Во следниот момент, телата нема да можат никаде да се видат, а единствено нивните духови ќе им бидат видливи. Овој образец ќе се повторува во недоглед. Во жешкиот оган, телата на душите ќе бидат изгорени во еден момент и ќе исчезнат, а потоа бргу пак ќе се обновуваат.

Кога на овој свет страдате од изгореници од трет степен, можеби вие нема да можете да го издржите задушувачкото чувство кое ќе ви се јави насекаде низ вашето тело и може да се случи и да полудите. Никој не може да го разбере степенот на оваа болка сè додека самиот не го доживее. Можеби вие не би биле способни да ја издржите болката дури ако само вашите раце ви бидат изгорени.

Воглавно, чувството на гушење не поминува бргу по изгореницата, туку трае во текот на неколку денови. Топлината од огнот навлегува во телото и ги повредува клетките, а понекогаш дури и срцето. Колку тогаш поболно би било да сите делови од вашето тело и внатрешните органи ви бидат изгорени, па повторно да ви бидат обновени и пак изгорени во недоглед?

Душите во огненото езеро не можат да ја издржат болката, но тие не може да се онесвестат, да умрат или пак да се одморат

## Езерото Со Сулфурот Што Гори

Огненото езеро претставува место за казнувањето на оние кои што сториле релативно полесни гревови и кои што страдале од првото или второто ниво на казнување, во Долниот Гроб. Оние пак кои што имаат направено потешки гревови и кои што страдале од третото и четвртото ниво на казнување во Долниот Гроб, ќе влезат во езерото со сулфурот што гори, кое што е седум пати пожешко отколку огненото езеро. Како што е горе споменато, езерото со сулфурот што гори е резервирано за следните луѓе: оние кои што зборувале против, му се спротивставиле и хулеле на Светиот Дух; оние кои што постојано повторно го распнуваат Исуса Христа; оние кои што го издале Него; оние кои што продолжиле намерно да грешат; екстремните идолопоклоници; оние кои што грешеле откако нивната совест била изгорена; сите оние кои што му се спротивставиле на Бога со зли дела; и лажните пророци и учители кои што поучувале на лаги.

Целото огнено езеро е исполнето со „црвен" оган. Езерото со сулфурот што гори е исполнето со повеќе „жолт" отколку „црвен" оган и секогаш врие со меурите големи како тиква. Душите во ова езеро се во потполност потопени во зовриената течност на сулфурот што гори.

## Обземени Со Болка

Како би можеле да ја објасниме болката во езерото со сулфурот што гори, кое што е седум пати пожешко од огненото езеро, во кое што болката е исто така незамислива?

Да ви го објаснам ова со слични нешта од овој свет. Ако некој би требало да испие некоја течност која што е слична на истопеното железо во високата печка, колку ли болно би можело тоа да биде? Неговите внатрешни органи би биле изгорени кога жештината, доволно врела да го претвори цврстото железо во течност, ќе навлезе во неговиот стомак, спуштајќи се низ грлото.

Во огненото езеро, душите барем можат да скокаат или да викаат од болка. Во езерото со сулфурот што гори, сепак, душите не можат да офкаат или да размислуваат туку се единствено обземени со болка. Степенот на измачувањето и агонијата која што треба да се издржи во езерото со сулфурот што гори, не може да се опише со никакви гестикулации или зборови. Уште повеќе, душите ќе мораат вечно да страдаат. Тогаш, како е возможно овој вид на измачување да биде опишан со зборови?

## 3. Некои Остануваат Во Долниот Гроб Дури И По Судот

Спасените луѓе од времето на Стариот Завет се наоѓале во Горниот Гроб сé додека Исус Христос не воскреснал, а по Неговото воскресение тие влегле во Рајот и ќе чекаат во Местото за чекање во Рајот, сé до Неговото Второ Доаѓање во воздухот. Од една страна, спасените луѓе од времето на Новиот Завет се прилагодуваат себеси во Горниот Гроб во текот на три дена и потоа влегуваат во Местото за чекање во Рајот и таму ќе чекаат до Второто Исусово Доаѓање во Воздухот.

Сепак, неродените деца кои што умираат во утробите на нивните мајки, не одат во Рајот ниту по воскресението на Исуса Христа, ниту по Судот. Тие засекогаш ќе останат во Горниот Гроб.

Слично на ова, постојат некои исклучоци помеѓу оние кои што моментално страдаат во Долниот Гроб. Овие души нема да бидат фрлени ниту во огненото езеро, ниту во езерото со сулфурот што гори, ниту после Судот. Кои се овие души?

## Децата Кои Што Умираат Пред Пубертетот

Помеѓу неспасените луѓе има и абортирани фетуси на возраст од шест месеци или повеќе и деца од пред пубертетска возраст, до околу дванаесет години. Овие души не се фрлаат во огненото езеро или во езерото со сулфурот што гори. Тоа е така, бидејќи иако доаѓаат во Долниот Гроб поради нивното сопствено зло, во времето на нивната смрт тие не биле доволно зрели за да ја имаат независната сопствена волја. Тоа значи дека нивниот живот во верата не мора задолжително да биде текот кој што тие би го избрале, бидејќи тие лесно можеле да бидат под влијанието на надворешните елементи, како што се нивните родители, предци или средината.

Богот на љубовта и правдата ги зема во предвид овие фактори и не ги фрла во огненото езеро или во езерото со сулфурот што гори, дури и по Судот. Ова сепак не значи, дека нивните казни ќе бидат намалени или дека ќе исчезнат. Тие ќе бидат вечно казнувани на начинот на кој што биле казнувани во Долниот Гроб.

## Бидејќи Платата За Гревот Е Смртта

Освен луѓето во претходниот случај, сите други луѓе од Долниот Гроб ќе бидат фрлени во огненото езеро или во езерото со сулфурот што гори, во согласност со нивните гревови извршени додека биле култивирани на земјата. Во Римјани 6:23 е запишано, „*Бидејќи платата за гревот е смртта, а слободниот дар Божји е вечниот живот во Христа Исуса, Нашот Господ.*" Тука, „смртта" не се однесува на крајот на животот на земјата, туку значи вечното казнување или во огненото езеро или во езерото со сулфурот што гори. Ужасното и болно измачување во вечните казнувања е платата за гревот а вие знаете колку гревот е ужасен, поган и гнасен.

Доколку луѓето знаеја барем малку за вечната мизерија на пеколот, тогаш како тие не би се плашеле да отидат во пеколот? Како не би можеле да го прифатат Исуса Христа, да го почитуваат и да живеат според словото Божјо?

Исус ни го има кажано следното во Марко 9:45-47:

*Ако те соблазнува ногата твоја, отсечи ја; подобро е за тебе сакат да влезеш во животот, отколку да ги имаш двете нозе и да бидеш фрлен во пеколот, каде што нивниот црв не гине ниту огнот се изгаснува. Ако окото твое те соблазнува, извади го; подобро е за тебе со едно око да влезеш во кралството Божјо, отколку да ги имаш двете очи а да бидеш фрлен во пеколот.*

Подобро би било за вас да си ја отсечете ногата, ако одејќи на местата на кои што не би требало да одите, правите гревови и поради тоа ќе отидете во пеколот. Подобро би било за вас да си ги отсечете рацете, доколку со нив правите гревови, отколку да одите во пеколот. Слично на ова, исто така би било подобро за вас да си го извадите окото, доколку тоа ве наведува на грев, со гледањето на нештата, кои што не би требале да ги видите.

Сепак, со милоста Божја која што ни е слободно дадена, ние не мораме да си ги отсечеме рацете или нозете, или пак да си ги извадиме очите, со цел да влеземе во небесата. Сето тоа е така, бидејќи нашиот безгрешен и непорочен Агнец, Господ Исус Христос, бил распнат во наше име, неговите раце и нозе биле заковани и го носел венецот од трње.

## Синот Божји Дојде Да Ги Уништи Делата На Ѓаволот

Затоа, на секого кој што верува во крвта на Исуса Христа му е простено, ослободен е од казнувањата во огненото езеро или во езерото со сулфурот што гори и доделен му е вечниот живот.

1 Јован 3:7-9 ни кажува, *„Чеда, никој нека не ве измамува! Оној кој што ја практикува правдата, праведен е, како што е праведен Тој. Оној кој што го практикува гревот, од ѓаволот е, затоа што ѓаволот грешел од почетокот. Па затоа и се јави Синот Божји за да ги урне делата ѓаволски. Никој кој што е роден од Бога, не прави, грев, бидејќи семето Негово пребива во него; и не може да греши, бидејќи е роден од Бога."*

Гревот претставува повеќе од дело, како што е на пример кражбата, убиството или измамата. Злото кое што е во срцето на една личност претставува многу потежок грев. Бог го презира злото кое што е во нашите срца. Тој го мрази самото зло срце кое што ги суди и проколнува другите, злото срце кое што мрази и се препнува и злото срце кое што е лукаво и издајничко. На што ќе личат небесата доколку на луѓето со таквите срца им биде дозволено да влезат и да живеат во нив? Тогаш дури и на небесата луѓето би се расправале околу доброто и злото, па затоа Бог не им дозволува на злобните луѓе да влезат во небесата.

Затоа, доколку станете чедото Божјо овластено од крвта на Исуса Христа, не смеете повеќе да ја следите невистината или да му робувате на ѓаволот, туку да живеете во вистината како чедото на Бога, кој што е самата светлина. Единствено тогаш, ќе можете да ја поседувате сета небесна слава, ќе можете да се здобиете со благословите да уживате во власта како чедото Божјо и да напредувате дури и во овој свет.

## Вие Не Смеете Да Правите Гревови Додека Ја Исповедате Вашата Вера

Бог толку многу нé сака што го испратил Неговиот љубен, безгрешен и еден и единствен Син, да умре за нас на крстот. Можете ли тогаш да си замислите, колку многу тагува и колку е вознемирен Бог, кога ги гледа оние кои што тврдат дека се „чедата Божји" а сепак ги извршуваат гревовите, под влијанието на ѓаволот и кои што бргу напредуваат кон пеколот?

Ве молам да не ги извршувате гревовите туку да ги почитувате Божјите заповеди и да се докажувате себеси како скапоценото чедо Божјо. Кога ќе го направите тоа, сите ваши молитви ќе бидат бргу услишани и вие ќе станете вистинското чедо Божјо, за да на крајот влезете и живеете во славниот Нов Ерусалим. Вие исто така ќе ја добиете силата и власта да ја истерувате темнината од оние кои што сеуште не ја знаат вистината, кои што сеуште ги прават гревовите и затоа стануваат робови на ѓаволот. Вие ќе бидете овластени да ги поведете кон Бога.

Ви посакувам да станете вистинските чеда Божји, да ги добиете одговорите на сите ваши молитви и барања, да го славите Него и да одвратите голем број на луѓе од патот кон пеколот, за да ја достигнете славата Божја, сјаејќи како сонцето на небесата.

## 4. Злите Духови Ќе Бидат Затворени во Безната

Според Новиот Вебстеров Светски Универзитетски Речник, терминот „Бездна" е дефиниран како „понор без дно," „провалија," или „нешто што е предлабоко да се измери." Во библиска смисла, Безната е најлабокиот и најдолниот дел на пеколот. Таа е резервирана само за злите духови кои што се нерелевантни за човечката култивација.

*Потоа видов како од небото слегуваше ангел, кој што го држеше клучот од безната и една голема верига во раката своја: и го фати змејот, древната змија, која што е ѓаволот и Сатаната – и го врза за илјада години; потоа го фрли во безната и го заклучи, ставајќи печат врз него за да повеќе не ги лаже народите, до завршувањето на илјадата години; по ова време тој мора да биде пуштен на кратко време* (Откровение 20:1-3).

Ова е описот на времето кон крајот на Седумгодишните Големи Страдања. По Исусовото Враќање, злите духови ќе управуваат со светот во текот на седум години, кога ќе се случи III-тата Светска Војна и некои други катастрофи ќе се случуваат насекаде низ светот. По Големите Страдања ќе дојде Илјадагодишното Кралство, за време на кое злите духови ќе бидат затворени во Безната. Кон крајот на Илјадалетието, злите духови ќе бидат повторно ослободени за кратко време и кога Судот на Големиот Бел Престол ќе заврши, тие повторно ќе бидат заклучени во Безната, овој пат засекогаш. Луцифер и неговите слуги управуваат со светот на темнината, но по Судот, небесата и пеколот ќе бидат управувани единствено со силата Божја.

## Злите духови се само инструменти за човечката култивација

Какви казни ќе им следат на злите духови кои што ја изгубиле сета сила и власт, во Безната?

Пред да продолжиме понатаму, имајте го на ум фактот дека злите духови единствено постојат и служат само како инструменти за човечката култивација. Зошто тогаш, Бог ги култивира човечките суштества на земјата кога постојат безброј небесни сили и ангели на небесата? Сето тоа е така бидејќи Бог посакува да има вистински чеда, со кои што ќе може да ја сподели Неговата љубов.

Дозволете да ви дадам еден пример. Низ Кореанската историјата, можеме да видиме дека благородниците обично имале многу слуги во нивните домови. Слугите секогаш би му се повинувале на она што им го заповедал господарот. Господарот исто така има и бунтовни синови и ќерки, кои што не го почитуваат, туку прават што сакаат. Дали тоа значи дека господарот повеќе ќе ги сака своите покорни слуги отколку бунтовните деца? Тој не може да престане да си ги сака своите деца, па дури и да се тие непослушни.

Истиот случај е и со Бога. Тој си ги сака човечките

суштества, кои што биле создадени според Неговиот лик, без разлика колку многу покорни небесни сили и ангели има. Небесните сили и ангелите наликуваат повеќе на роботите кои што го прават она што им е заповедано. Поради тоа тие се неспособни да ја споделат вистинска љубов со Бога.

Секако, не можеме да кажеме дека ангелите и роботите се исти во секоја смисла. Од една страна, роботите го прават само она што им е заповедано, ја немаат слободната волја и не чувствуваат ништо. Од друга страна пак, исто како и човечките суштества, ангелите ги познаваат чувствата на радост и тага.

Кога ќе ја почувствувате радоста или тагата, ангелите го немаат истото чувство кое што го имате вие, но сепак имаат претстава за тоа што го чувствувате. Затоа кога ќе го прославувате Бога, ангелите ќе го слават заедно со вас. Кога ќе танцувате за да го величите Бога, тие исто така ќе танцуваат, па дури и заедно со вас ќе свират на некои музички инструменти. Оваа карактеристика ги издвојува од роботите. Сепак, ангелите и роботите се „слични" во тоа што, и на едните и на другите им недостасува слободната волја и тоа што тие го прават она што ќе им биде кажано, како и тоа што тие биле создадени и се користат само како алатки или инструменти.

Слично на ангелите и злите духови не се ништо друго, освен алатки кои што се користат за човечката култивација. Тие наликуваат на машините кои што не го разликуваат доброто од злото, создадени за една одредена цел, а се користат за зла цел.

## Злите Духови Затворени Во Бездната

Законот на духовниот свет наложува дека „платата за гревот е смртта" и дека „човекот го жнее она што го има посеано." По Големиот Суд, душите во Долниот Гроб ќе страдаат во огненото езеро или пак во езерото со сулфурот што гори, во согласност со овој закон. Сето тоа е така бидејќи тие го имаат избрано злото според својата слободна волја и чувства, додека биле култивирани тука на земјата.

Злите духови, со исклучок на демоните, се небитни за човечката култивација.Така што, дури и по Судот, злите духови ќе останат затворени во мрачната и студена Бездна, отфрлени како купот ѓубре. Тоа ќе биде најсоодветната казна за нив.

Божјиот Престолот е сместен во центарот и на врвот на небесата. Спротивно на тоа, злите духови се затворени во Бездната, на најдлабокото и најмрачното место во пеколот. Тие не можат слободно да се движат во темната и студена Бездна. Како да се поклопени со големи карпи, така злите духови засекогаш ќе бидат заточени во фиксирана позиција.

Овие зли духови порано им припаѓале на небесата и имале славни задолженија. По падот, паднатите ангели ја користеле власта на свој начин, во светот на темнината. Сепак, тие биле поразени во војната која што ја започнале против Бога и сето тука се завршило.Тие ја изгубиле сета слава и вредност како небесни суштества. Во Бездната, како симболот на проклетството и немилоста, крилјата на овие паднати ангели ќе им бидат искорнати.

Духот претставува вечно битие кое што е бесмртно. Сепак, злите духови во Безната нема да можат да придвижат ниту прст, немаат чувства, волја ниту сила. Тие се како машините кои што се исклучени или пак како куклите кои што се отфрлени, па дури и се чини како да се замрзнати.

## Некои Гласници На Пеколот Ќе Останат Во Долниот Гроб

Постои исклучок од ова правило. Како што е погоре споменато, децата помлади од дванаесетина години ќе останат во Долниот Гроб, дури и по Судот. Затоа за да можат да продолжат казните врз овие деца, неопходно е гласниците на пеколот да продолжат да управуваат.

Овие гласници на пеколот нема да бидат затворени во Безната, туку ќе останат во Долниот Гроб. Тие ќе изгледаат како роботи. Пред Судот, тие можеби понекогаш и би се насмеале и би уживале во глетката на измачуваните души, но сето тоа не се случувало поради тоа што тие самите имале некакви емоции. Сето тоа се случувало под контролата на Луцифера, кој што ги имал човечките карактеристики, и ги терал гласниците на пеколот да изразуваат емоции. После Судот, сепак, тие веќе нема да бидат контролирани од Луцифера, туку ќе ја извршуваат нивната работа без никакви чувства, работејќи како машини.

## 5. Каде Ќе Завршат Демоните?

За разлика од паднатите ангели, змејовите и нивните следбеници кои што биле создадени пред создавањето на универзумот, демоните не се духовни битија. Тие некогаш биле човечки суштества, создадени од правот и ги имале духовите, душите и телата исто како нас. Помеѓу оние кои што некогаш биле култивирани на овој свет но умреле без да го примат спасението, се и оние кои што биле пуштени на овој свет под посебни околности, како демони.

Како тогаш, може некој да стане демон? Обично има четири начини на кои што луѓето можат да станат демони.

Првиот начин е случајот кога луѓето ќе им ги продадат духовите и душите на Сатаната.

Луѓето кои што го практикуваат маѓесништвото и кои што ја бараат помошта и силата од злите духови, за да ја задоволат својата алчност и своите желби, како што се на пример маѓесниците, можат да станат демони, кога ќе умрат.

Вториот начин е случајот на луѓето кои што ќе извршат самоубиство во нивното сопствено зло.

Ако луѓето сами му стават крај на својот живот поради неуспехот во работата или поради некои други причини, тогаш тие ја игнорираат Божјата власт врз животот и можат да станат демони. Сепак тоа не е исто што и да се жртвува животот за својата земја или пак да им се помогне на беспомошните. Ако некој човек кој што и самиот не знае да плива, скокне во водата за да спаси некого, при што го изгубил својот живот, тоа тогаш било за добра и благородна цел.

Третиот начин е случајот кога луѓето кои што порано верувале во Бога, го завршиле својот живот одрекувајќи се од Него и продавајќи ја својата вера.

Некои верници му замераат и му се спротивставуваат на Бога, во ситуации кога се соочуваат со големи тешкотии или пак кога губат некој или нешто што им е многу драго. Чарлс Дарвин, пионерот на теоријата на еволуција е многу добар пример. Дарвин претходно верувал во Бога Создателот. Кога неговата сакана ќерка починала млада, Дарвин почнал да го негира и да му се спротивставува на Бога и тогаш ја презентирал теоријата на еволуцијата. Таквите луѓе го прават гревот на порвторното распнување на Исуса Христа, нашиот Откупувач (Евреи 6:6).

Четвртиот и последен начин е случајот на луѓето кои што го попречуваат, му се спротивставуваат и хулат на Светиот Дух, иако веруваат во Бога и ја знаат вистината (Матеј 12:31-32; Лука 12:10).

Денеска, многу луѓе кои што очигледно ја исповедаат нивната вера во Бога, му се спротивставуваат, го попречуваат и хулат на Светиот Дух. Иако овие луѓе посведочиле безброј дела на Бога, тие сепак ги осудуваат и клеветат другите, им се спротивставуваат на делата на Светиот Дух, и се обидуваат да ги уништат црквите во кои што се прикажуваат Неговите дела. Покрај тоа, ако тоа го прават како водачи, тогаш нивните гревови стануваат уште потешки.

Кога овие грешници ќе умрат, тие ќе бидат фрлени во Долниот Гроб и ќе го добијат третото или четвртото ниво на казнување. Но факт е дека некои од овие души стануваат демони и се пуштаат на овој свет.

## Демони Контролирани Од ѓаволот

До Судот, Луцифер ја има потполната власт да го контролира светот на темнината и Долниот Гроб. Затоа, Луцифер исто така ја има власта да избере некои одредени души од Долниот Гроб, кои што најмногу ќе му одговараат за неговите дела и да ги искористи во овој свет, како демони.

Штом овие души ќе бидат избрани и пуштени на овој свет, спротивно на тоа што го имале во текот на нивниот живот, тие веќе нема да ја имаат слободната волја. Според Луциферовата волја, тие ќе бидат контролирани од ѓаволот и ќе служат само како инструменти за да се исполнат целите на светот на злите духови.

Демоните ги искушуваат луѓето на земјата да го сакаат светот. Некои од денешните најсвирепи гревови и злосторства не се случајни, туку се предизвикани преку дејствувањето на демоните, во согласност со волјата на Луцифера. Демоните влегуваат во тие луѓе според законот на духовниот свет и ги водат кон пеколот. Понекогаш, демоните ги осакатуваат луѓето или им предизвикуваат некои болести. Се разбира, ова не значи дека секој вид и случај на деформитет или болест е предизвикан од демоните, но некои од нив се случаи предизвикани од демоните. Во Библијата можеме да прочитаме за едно момче кое што било опседнато од демон и било немо од детството (Марко 9:17-24), и за една жена која што била осакатена од страна на дух, осумнаесет години била свиткана и не можела да се исправи (Лука 13:10-13).

Според волјата на Луцифера, на демоните им се доделени најлесни должности во светот на темнината, но тие нема да бидат затворени во Безната после Судот. Бидејќи демоните порано биле човечки суштества и биле култивирани, тие ќе бидат фрлени во езерото со сулфурот што гори заедно со оние кои што го примале третото или четвртото ниво на казнување во Долниот Гроб, по судот на Големиот Бел Престол.

### Злите Духови Се Исплашени Поради Безната

Некои од вас кои што се сеќаваат на зборовите во Библијата, можеби ќе најдат нешто што е погрешно. Во Лука 8, има сцена во која што Исус се среќава со еден човек кој што е опседнат од демон. Кога Тој му заповедал на демонот да излезе од човекот, демонот кажал, *„Што работа имаш Ти со мене, Исусе, Сине на Севишниот Бог? Ти се молам, не мачи ме!"* (Лука 8:28) и го замолил Исуса да не го праќа во Безната.

Демоните се предодредени да бидат фрлени во езерото со сулфурот што гори, а не во Безната. Зошто тогаш, тој побарал од Исуса да не го фрла во Бездната? Како што е погоре споменато, демоните еднаш биле човечки суштества и како такви тие се само инструменти што се користат за човечка културвација, во согласност со волјата на Луцифера. Така да, кога демонот му проговорил на Исуса преку усните на тој човек, тој го изразувал срцето на злите духови кои што го контролирале, а не своето сопствено. Злите духови раководени од Луцифера знаат дека штом провидението Божјо за човечка културвација ќе биде исполнето, тие ќе ја изгубат сета своја власт и сила и ќе бидат вечно затворени во Бездната. Нивниот страв од иднината е навистина очигледно прикажан преку молбите на демонот.

Покрај тоа, демонот бил искористен како инструмент бидејќи овие зли духови се плашеле дека нивниот страв како и нивниот крај можат да бидат запишани во Библијата.

## Зошто Демоните Ја Презираат Водата И Огнот?

На почетокот на моето свештенствување, Светиот Дух дејствуваше толку силно во мојата црква што слепите прогледуваа, немите прозборуваа, луѓето со детска парализа проодуваа а злите духови беа истерувани. Овие вести се раширија низ земјата и ни дојдоа многу болни луѓе. Тогаш јас лично се молев за оние кои што беа обземени од демоните, а демоните, како духовни суштества, однапред знаеја дека ќе бидат истерани. Понекогаш, некои од демоните ме молеа, „Те молиме не не истерувај во водата, или пак огнот!" Секако, не можев да ги прифатам нивните барања.

Зошто тогаш, демоните ја мразат водата и огнот? Библијата ја има забележано нивната одбивност кон водата и огнот, исто така. Кога повторно се помолив за откровение во врска со ова, Бог ми кажа дека духовно водата го симболизира животот, уште поконкретно словото на Бога, кој што е самата светлина. Уште повеќе, огнот го симболизира огнот на Светиот Дух. Следствено, демоните кои што ја претставуваат самата темнина, ќе ја изгубат својата сила и власт, кога ќе бидат истерани во огнот или во водата.

Во Марко 5 има една сцена во која што Исус му заповеда на демонот „Легион" да излезе од човекот и тие го молеа Него да ги прати помеѓу свињите (Марко 5:12). Исус им го допуштил тоа па злите духови излегле од човекот и влегле во свињите. Стадото од свињи тогаш, околу две илјади по број, се стрчале по стрмиот гребен до езерото и се удавиле. Исус го направил тоа за да ги спречи овие демони и понатаму да работат за Луцифера, и ги удавил во езерото. Ова сепак не значи дека демоните биле удавени, туку дека само ја изгубиле нивната сила. Затоа, Исус ни кажува дека *„кога нечистиот дух ќе излезе од човека, тој минува преку безводни места, барајќи спокој но не го наоѓа"* (Матеј 12:43).

Чедата Божји треба јасно да го знаат духовниот свет, за да можат да ја прикажуваат силата Божја. Демоните се тресат од страв доколку ги истерувате преку целосното познавање на духовниот свет. Сепак, тие нема да се исплашат, а уште помалку да бидат истерани, ако само изговорите „Ти демону, излези и оди во водата! Оди во огнот!" без да го имате духовното разбирање.

## Луцифер Настојува Да Го Воспостави Своето Кралство

Бог претставува Бог на изобилна љубов, но Тој е исто така и Бог на правдата. Без разлика колку милостиви и полни со прошка би можеле кралевите од овој свет да бидат, тие сепак не можат секогаш и безусловно да бидат милостиви и полни со прошка. Кога во земјата има крадци и убијци, кралот би требало да ги фати и да ги казни во согласност со законите на земјата, за да може да воспостави мир и безбедност за својот народ. Дури и кога неговиот сакан син или некои луѓе кои што ги сака, ќе направат сериозни злодела, како што е на пример предавството, тогаш кралот нема друга опција, освен да ги казни според законот.

Исто така, љубовта на Бога е таква љубов која што е во согласност со строгиот закон на духовниот свет. Бог силно го сакал Луцифера пред неговото предавство, и дури и по предавството, Бог му ја дал на Луцифера потполната власт над темнината, но единствената награда која што Луцифер ќе ја добие ќе биде затварањето во Бездната. Бидејќи Луцифер веќе го знае овој факт, тој настојува да го воспостави своето кралство и да го одржи цврсто. Поради оваа причина, Луцифер има убиено многу Божји пророци уште пред две илјади години и пред тоа. Пред две илјади години, кога Луцифер дознал за раѓањето на Исуса, со цел да го спречи воспоставувањето на кралството Божјо и да го одржи засекогаш неговото кралство на темнината, тој се обидел да го убие Исуса, преку кралот Ирод. Откако бил наведен од

Сатаната, Ирод заповедал да се убијат сите деца кои што биле на возраст од две години или помалку, во земјата (Матеј 2:13-18).

Покрај ова, во текот на последните два милениума, Луцифер секогаш се обидувал да го уништи и убие секој кој што ја прикажувал чудесната сила Божја. Сепак, Луцифер никогаш не може да го надвладее Бога, ниту да ја надмине Неговата мудрост, и неговиот крај ќе биде единствено во Бездната.

## Богот На Љубовта Чека И Дава Можности За Покајување

Сите луѓе на земјата се предодредени да бидат судени во согласност со нивните дела. Неправедните ги очекуваат проклетствата и казните, а добрите ги очекуваат благословите и славата. Сепак, Бог кој Самиот е љубов, не ги фрла веднаш луѓето, штом ќе сторат грев, во пеколот. Тој трпеливо ги чека луѓето да се покајат, како што е запишано во 2 Петар 3:8-9, *„Но внимавајте возљубени, да не го изумите тоа дека за Господа еден ден е како илјада години, а илјада години како еден ден. Господ нема да задоцни со Своето ветување, како што некои мислат за бавењето, туку Тој е трпелив кон вас, бидејќи не сака да изгинат некои, туку сите да се обрнат кон покајание."* Ова е љубовта на Бога кој што сака да сите луѓе го примат спасението.

Преку оваа порака за пеколот, вие треба да запаметите дека Бог бил исто така трпелив и ги чекал сите оние кои што се казнуваат во Долниот Гроб. Овој Бог на љубовта тагува за душите, создадени според Неговиот лик и образ, кои што сега страдаат и ќе страдаат за навек.

И покрај трпеливоста и љубовта Божја, доколку луѓето до крајот не го прифатат евангелието или пак тврдат дека веруваат но продолжуваат со правењето гревови, тие тогаш ќе ги изгубат сите можности за спасение и ќе паднат во пеколот.

Затоа ние верниците треба секогаш да го шириме евангелието без оглед дали ни се укажала или не, можност за тоа. Да претпоставиме дека се појавил голем пожар во вашата куќа додека сте биле излезени. Кога сте се вратиле назад, куќата ви била проголтана во оган, а вашите деца спиеле внатре. Нема ли да сторите сё што можете, за да ги спасите вашите деца? Божјото срце е дури и повеќе скршено, кога Тој ги гледа луѓето, кои што биле створени според Неговиот лик и образ, како ги прават гревовите и паѓаат во вечните огнови на пеколот. Исто така, можете ли да си замислите колку воодушевен би бил Бог, да ги види луѓето како ги водат другите луѓе кон спасение?

Вие би требале да го разберете срцето на Бога, кој што ги сака сите луѓе и тагува за оние кои што се на патот кон пеколот, како и срцето на Исуса Христа кој што не сака да изгуби ниту една личност. Сега кога прочитавте за суровоста и мизерноста на пеколот, можете да сватите зошто Бог е толку задоволен со спасението на луѓето. Се надевам дека ќе го зграбите и почувствувате срцето на Бога, за да ги шириме добрите вести и да ги водите луѓето кон небесата.

*Глава 9*

# Зошто Богот На Љубовта Морал Да Го Подготви Пеколот?

1. Божјата Трпеливост И Љубов
2. Зошто Богот На Љубовта Морал Да Го Припреми Пеколот?
3. Бог Сака Сите Луѓе Да Го Примат Спасението
4. Храбро Ширете Го Евангелието

„[Бог] сака сите луѓе да се спасат
и да ја познаат вистината."
- 1 Тимотеј 2:4 -

„Вилата е во рацете Негови
и Тој ќе си го очисти гумното Свое
и ќе си го прибере житото во амбарот,
а плевата ќе ја изгори со огнот што не гасне."
- Матеј 3:12 -

Пред околу две илјади години, Исус одел низ градовите и селата во Израел, ги проповедал добрите вести и лекувал секакви болести. Кога се среќавал со луѓето, Исус го имал сочувството за нив, бидејќи тие биле исцрпени и беспомошни, како овците без пастирот (Матеј 9:36). Постоеле толку многу луѓе кои што требало да бидат спасени, но немало кој да се погрижи за нив. Иако Исус трудољубиво одел по селата и ги посетувал луѓето, Тој не можел да се погрижи за сите нив, еден по еден.

Во Матеј 9:37-38, Исус им кажал на Своите ученици, *„Жетвата е голема, а работници има малку; затоа помолете го Господарот на жетвата да испрати работници на жетвата Своја."* Биле потребни многу работници, кои што преку огнената љубов би ги подучувале луѓето на вистината и кои што би ја истерале темнината од нив, наместо Исуса.

Денеска, толку многу луѓе се поробени од гревот, страдаат од болестите, сиромаштијата и тагата и одат кон пеколот – а сето тоа им се случува, бидејќи не ја знаат вистината. Мора да го разбереме срцето на Исуса кој што бара работници, за да ги испрати на полето за жетвата, па така да не само го примите спасението, туку и да му се исповедате Нему, „Тука сум! Испрати ме, Господе."

# 1. Божјата Трпеливост И Љубов

Си бил еднаш еден син кој што бил многу сакан и

обожуван од страна на неговите родители. Еден ден, овој син побарал од своите родители да му го дадат неговиот дел од имотот. Тие се согласиле со синовото барање, иако не можеле во потполност да го сватат својот син, кому ионака би му оставиле сѐ. Тогаш синот отишол во странство со својот дел од имотот. Иако на почетокот тој ги имал надежите и амбициите, тој сѐ повеќе им се оддавал на задоволствата и страстите на светот за да на крајот го потроши сето свое богатство. Како дополнение на сето тоа, земјата се соочила со тешка криза, па тој станал дури уште посиромашен. Еден ден, некој им ги пренел вестите на неговите родители, кажувајќи им дека нивниот син е практично питач, поради водењето на расиплив живот, па затоа бил омразен од луѓето.

Како тогаш неговите родители морале да се чувствуваат? Можеби во почетокот тие би биле лути, но наскоро би почнале да се грижат за него мислејќи, 'Ти простуваме сине. Само дојди си дома што побргу!'

## Бог Ги Прифаќа Чедата Кои Што Се Враќаат Низ Покајание

Срцето на овие родители е запишано во Лука 15. Таткото, чиј што син заминал во далечната земја, секој ден си го чекал синот на портата. Таткото толку очајно си го очекувал синот да се врати, што кога синот се вратил, таткото можел веднаш оддалеку да го препознае, да дотрча до него и со радост да му ги обвитка рацете околу него.

Таткото тогаш го облекол покајничкиот син во најдобри облеки и сандали, заклал едно угоено теле и одржал гозба во негова чест.

Ова е срцето на Бога. Тој не само што им проштева на сите оние кои што искрено се покајуваат, без оглед на бројот или тежината на нивните гревови, туку исто така ги теши и ги овласутва да чинат добрина. Кога една личност ќе биде спасена преку верата, тогаш Бог ја прославува таа прилика заедно со небесните сили и ангелите. Нашиот милостив Бог е самата љубов. Со срцето на татко кој што си го очекува синот, Бог силно сака сите луѓе да го отфрлат гревот и да го примат спасението.

## Бог На Љубовта И Проштевањето

Преку Осија глава 3, можете да добиете краток преглед на изобилната милост и сочувство од нашиот Бог, кој што е секогаш подготвен да простува и да ги љуби дури и грешниците.

Еден ден, Бог му наредил на Осија да земе една жена блудница, за своја сопруга. Осија се покорил и се оженил со Гомер. По неколку години, сепак, Гомер не можела да се воздржи и почнала да сака друг човек. Уште повеќе, на нејзе и платиле како на проститутка, и таа го напуштила и отишла да сака друг човек. Тогаш Бог му кажал на Осија, *„Оди одново и засакај ја жената која што ги сака злото и прељубата, како што ГОСПОД ги сака синовите Израелеви, а тие гледаат по туѓите богови и ги сакаат нивните пити од* *грозје"* (с. 1). Бог му наредил на Осија, да ја сака својата жена која што го предала и заминала од дома, за да сака друг човек. Осија ја вратил Гомер назад дома, откако платил петнаесет сребреници и хомер и пол јачмен (с. 2). Колку луѓе би можеле да го направат тоа? Откако Осија ја вратил Гомер назад, тој и кажал, *„Остани кај мене повеќе денови; не блудствувај и не оди со други; и јас ќе бидам само со тебе"* (с. 3). Тој не ја осудил ниту пак ја замразил, туку со љубов и простил, разговарал со неа и ја замолил да не го напушти повторно.

Она што Осија го направил, можеби изгледа глупаво, гледано од аспект на луѓето од овој свет. Сепак неговото срце го симболизира срцето на Бога. Така како што Осија се оженил со жената блудница, исто така Бог не сака, иако го имаме напуштено, па дури и не избавил.

По Адамовото непочитување, сите човечки суштества биле исполнети со гревот. Исто како и Гомер, тие не биле достојни за љубовта Божја. Сепак Бог, без оглед на сé ги сакал луѓето и им го дал Неговиот еден и единствен Син Исус, да биде распнат за нив. Исус бил камшикуван, ја носел круната од трње и бил закован низ рацете и нозете, за да може да не спаси. Дури и висејќи на крстот и умирајќи, Тој се молел за нас, „Оче прости им." Додека зборуваме, Исус посредува во името на сите грешници, пред Престолот на нашиот Бог, Отецот Небесен.

Сепак, толку многу луѓе не ја знаат љубовта и милоста Божја. Наместо тоа, тие го сакаат светот и продолжуваат да грешат, следејќи ги телесните желби. Некои од нив живеат во темнината, бидејќи не ја знаат вистината. Други пак ја знаат вистината, но како што поминува времето, срцата им се менуваат и тие повторно ги прават гревовите. Штом еднаш ќе бидат спасени, луѓето секојдневно мора да се осветуваат себеси. Нивните срца стануваат расипани и загадени, спротивно на времето кога за прв пат го примиле Светиот Дух. Тоа е причината зошто овие луѓе сеуште го извршуваат злото, кое што претходно го имаат отфрлено.

Бог сеуште сака да им прости и да ги љуби дури и оние луѓе кои што згрешиле и кои што го сакале светот. Исто како што Осија си ја вратил својата жена прељубница, која што сакала друг човек, исто така и Бог чека на враќањето и покајувањето на Неговите чеда кои што имаат згрешено.

Затоа мораме да го сватиме срцето на Бога, кој што ни ја открива пораката за пеколот. Бог не сака да нè исплаши; тој само сака да ние дознаеме за мизеријата на пеколот, темелно да се покаеме и да го примиме спасението. Пораката за пеколот е начинот на кој што Тој изразува Неговата голема љубов за нас. Ние исто така мораме да разбереме зошто Бог морал да го подготви пеколот, за да можеме подлабоко да го сватиме Неговото срце и да ги рашириме добрите вести на што поголем број на луѓе, за да ги спасиме од вечните казни.

## 2. Зошто Богот На Љубовта Морал Да Го Припреми Пеколот?

Битие 2:7 кажува, *„И го создаде Господ БОГ човекот од прав земен и му дувна во ноздрите дух животен; и* *човекот стана жива душа."*

Во 1983 година, една година откако мојата црква почна да работи, Бог ми покажа една визија во која што ми беше прикажано создавањето на Адама. Бог среќно и радосно го обликувал Адама од глината, со грижа и љубов, како што едно дете си игра со својата најмила играчка или кукла. По внимателното обликување на Адама, Бог му го вдишал здивот на животот во неговите ноздри. Бидејќи ние сме го примивме здивот на животот од Бога, кој што е Дух, нашиот дух и душа се бесмртни. Телото создадено од правта ќе исчезне и ќе се врати во грстот прав, но нашиот дух и душа ќе живеат вечно.

Поради таа причина, Бог морал да подготви места за живот за овие бесмртни духови, а тоа се небесата и пеколот. Како што е запишано во 2 Петар 2:9-10, луѓето кои што живеат богобојазливи животи, ќе бидат спасени и ќе влезат во небесата, но неправедните ќе бидат казнети во пеколот.

> *Господ знае како да ги избави побожните од искушенијата, а неправедните да ги држи во маките до судниот ден; а најповеќе оние, кои што се управуваат според телото во неговите гнасни похоти, и кои што ги презираат властите. Оние кои што се дрски, горди и кои што не се плашат кога ќе ја видат ангелската големина.*

Од една страна, Божјите чеда ќе живеат под Неговото вечно владеење на небесата. Затоа небесата се секогаш полни со среќа и радост. Од друга страна пак, пеколот е местото наменето за сите оние кои што не ја прифатиле љубовта Божја, го предале Него и станале робови на гревот. Во пеколот тие ќе ги примат суровите казни. Тогаш зошто, Богот на љубовта морал да го подготви пеколот?

## Бог Го Издвојува Житото Од Плевата

Како што земјоделецот ги засадува семињата и ги одгледува, исто така и Бог ги културира човечките суштества на овој свет, за да се здобие со вистински чеда. Кога ќе дојде времето на жетвата, Тој ќе го издвои житото од плевата, праќајќи го житото во небесата, а плевата во пеколот.

> *Вилата е во рацете Негови и Тој ќе си го очисти гумното Свое и ќе си го прибере житото во амбарот, а плевата ќе ја изгори со огнот што не гасне* (Матеј 3:12).

„Житото" тука ги симболизира сите оние кои што го прифатиле Исуса Христа, се обидувале да го добијат образот Божји и кои што живееле во согласност со Неговото слово. „Плевата" се однесува на оние кои што не го прифатиле Исуса Христа како нивниот Спасител, туку го сакаат светот и го следат злото.

Исто како што земјоделецот си го собира житото во амбарот и ја согорува плевата, или пак ја користи како ѓубриво при жетвата, Бог исто така си го носи житото во небесата и си ја фрла плевата во пеколот.

Бог сака да се осигура дека ние знаеме за постоењето на Долниот Гроб и на пеколот. Лавата под површината на земјата и огнот служат како потсетник за вечните казнувања во пеколот. Ако немаше оган или сулфур на овој свет, како ли воопшто ќе можевме да ги замислиме ужасните сцени во Долниот Гроб и пеколот? Бог ги создал овие нешта бидејќи тие се неопходни за култивацијата на човечките суштества.

## Причината Зошто „Плевата" Е Фрлена Во Огнот На Пеколот

Некој може да запраша, „Зошто Богот на љубовта го приготвил пеколот? Зошто не може да ја пушти и плевата на небесата, исто така?"

Убавината на небесата е вон секоја имагинација или опис. Бог, господарот на небесата е свет, без никаков порок или недостаток и затоа, само оние кои што ја исполнуваат Неговата волја, можат да ја добијат дозволата да влезат на небесата (Матеј 7:21). Доколку злите луѓе беа на небесата заедно со луѓето кои што се полни со љубов и добрина, животот не небесата би бил исклучително тежок и непријатен, а убавите небеса само би биле загадени. Тоа била причината поради која што Бог морал да го припреми пеколот, за да го издвои житото на небесата од плевата во пеколот.

Без пеколот, праведните и грешните би биле принудени да живеат заедно. Ако се случи тоа, тогаш небесата би станале прибежиште на темнината, исполнети со криковите и врисоците во агонија. Целта на човечката култивација од Бога, не била да создаде такво место. Небесата се местото во кое што нема солзи, тага, измачувања и болести, каде што Бог може да ја споделува Својата изобилна љубов со Неговите чеда, засекогаш. Затоа, пеколот е неопходен за вечно да се заточат злобните и безвредните луѓе – плевата.

Во Римјаните 6:16 пишува, *„Не знаевте ли дека, кому што му се предавате како робови за послушност, робови сте му на оној, кому што му се покорувате: или сте робови на гревот, за смрт, или пак на послушноста, за праведност?"* Дури и да не го знаеле тоа, сите оние кои што не живееле во согласност со словото Божјо, му се робови на гревот и робови на нашиот непријател Сатаната и на ѓаволот. На оваа земја, тие се контролирани од непријателот Сатаната и од ѓаволот; а по смртта, тие ќе бидат фрлени во рацете на тие зли духови во пеколот, и ќе ги примат разните казни.

## Бог Секого Го Наградува Според Направеното

Нашиот Бог не е само Богот на љубовта, милоста и добрината, туку исто така е и непристрасен и праведен Бог, кој што секого од нас го наградува во согласност со нашите дела. Во Галатјаните 6:7-8 пишува:

*Не лажете се: Бог не позволува да биде поруган. Бидејќи што ќе си посее човекот, тоа и ќе си пожнее: оној кој што сее во телото свое, од телото ќе си пожнее смрт; а кој што сее во Духот, од Духот ќе си пожнее вечен живот.*

Од една страна, кога сеете молитви и пофалбени песни, вие ќе бидете овластени да живеете според словото Божјо со сила од небесата, па на вашиот дух и душа ќе им биде добро. Кога ќе сеете со верните богослужби, сите ваши делови – духот, душата и телото – ќе ви бидат зајакнати. Кога ќе ги сеете парите преку десетокот или прилозите на благодарност, тогаш ќе имате финансиски благослов за да би можеле уште повеќе да сеете за калството и праведноста Божја. Од друга страна пак, кога ќе го сеете злото, тогаш ќе ви се врати точниот износ и големината на вашето зло. Дури и да сте верник, кога ќе ги сеете гревовите и безаконието, тогаш ќе се соочите со искушенијата. Затоа се надевам дека ќе бидете просветени и дека ќе го сватите овој факт со помошта на Светиот Дух, за да можете да се стекнете со вечниот живот.

Во Јован 5:28-29, Исус ни кажува *„Не чудете му се на ова, зашто доаѓа часот кога сите, кои што се во гробовите, ќе го чујат гласот на Синот Божји, и ќе излезат: оние кои што го правеле доброто – ќе воскреснат за живот, а оние кои што го правеле злото, ќе воскреснат за осудување."* Во Матеј 16:27, Исус ни ветува, *„Зошто Синот Човечки ќе дојде во славата на Својот Отец, со ангелите Свои, и тогаш ќе му даде на секого според делата негови."*

Со непогрешливата точност, преку Судот, Бог ќе

доделува соодветни награди и ќе доделува соодветни казни, секому според она што го направиле. Дали личноста ќе оди на небесата или пак во пеколот, не зависи од Бога, туку од личноста која што ја има слободната волја и поради фактот дека секој ќе си го пожнее тоа што си го посеал.

## 3. Бог Сака Сите Луѓе Да Го Примат Спасението

Бог ја смета личноста која што е создадена според Неговиот лик и образ, за поважна од целиот универзум. Затоа Бог сака да сите луѓе поверуваат во Исуса Христа и да го примат спасението.

### Бог Многу Се Радува Кога Некој Грешник Ќе Се Покае

Исто како што пастирот оди по каменливите патеки за да ја најде едната изгубена овца, иако останатите деведесет и девет овци му се на безбедно (Лука 15:4-7), исто така и Бог повеќе му се радува на едниот грешник кој што се покајал, отколку на деведесет и деветте праведни луѓе, кои што не мораат да се покајат.

Псалмистот напишал во Псалм 102:12-13, *„Колку што е далеку истокот од западот, исто толку Тој ги има оддалечено од нас нашите беззаконија. Исто како што таткото чувствува сомилост кон децата свои, исто* така и ГОСПОД чувствува сомилост кон оние, кои што се плашат од Него." Бог исто така има ветено во Исаија 1:18 „Тогаш дојдете и ќе се пресуди, вели Господ. Гревовите ваши да се и како бакар црвени, – како снег ќе ги побелам; да бидат црвени и како пурпурот, – како волна ќе станат бели."

Бог е самата светлина и во Него нема темнина. Тој е исто така и самата добрина која што го презира гревот, но кога еден грешник ќе истапи пред Него и ќе се покае, Бог тогаш нема да ги памети неговите гревови. Наместо тоа, Бог ќе го прегрне и ќе го благослови грешникот, преку Неговата безгранична прошка и љубов.

Ако макар и малку ја сватите Божјата неверојатна љубов, вие би требало да ја третирате секоја личност со една искрена љубов. Вие би требало да го имате сочувството кон оние кои што одат кон огнот на пеколот, да се молите искрено за нив, да ги споделувате добрите вести со нив и да ги посетувате оние кои што ја имаат слабата вера, за да ја зајакнете нивната вера, па и тие да можат цврсто да застанат.

## Ако Не Се Покаете

1 Тимотеј 2:4 ни кажува, „*[Бог] сака сите луѓе да се спасат и да ја спознаат вистината.*" Бог очајно сака да сите луѓе го спознаат Него, да го примат спасението и да дојдат таму каде што е Тој. Бог е возбуден за спасението на макар уште една личност, чекајќи ги луѓето кои што се во темнина и гревот, да се завртат кон Него.

Сепак, иако Бог им ги дал на луѓето безбројните можности да се покајат, дури до тој степен што си го жртвувал и Неговиот единствен Син на крстот, доколку тие не се покајат, а умрат, единствено тоа нешто ќе остане со нив. Во согласност со законот на духовниот свет, тие ќе го пожнеат она што го имаат посеано и ќе им биде исплатено во согласност со она кое што го имаат направено, за да на крајот бидат фрлени во пеколот.

Се надевам дека вие ќе ја сватите оваа исклучителна љубов и правдата на Бога, за да можете да го примите Исуса Христа и да ви биде простено. Или уште повеќе, однесувајте се и живејте според волјата Божја, за да можете да сјаете како сонцето кога ќе бидете на небесата.

# 4. Храбро Ширете Го Евангелието

Оние луѓе кои што знаат и искрено веруваат во постоењето на небесата и на пеколот, не можат да престанат со евангелизирањето, бидејќи тие многу добро го познаваат срцето на Бога, кој што сака да сите луѓе го примат спасението.

### Без Луѓето Кои Што Ќе Ги Шират Добрите Вести

Римјаните 10:14-15, ни кажува дека Бог ги фали сите оние кои што ги шират добрите вести:

*Како тогаш ќе го повикаат Оној, во Кого што не поверувале? Како пак, ќе поверуваат во Оној, за Кого немаат чуено? А како можат да чујат без проповедник? И како ќе можат да проповедаат, ако не бидат испратени? Како што е запишано: „колку им се убави нозете на оние, кои што ги носат добрите вести за добрите нешта!"*

Во 2 Кралства 5, има една приказна за Нееман, заповедникот на армијата на кралот на Арам. Нееман, кој што од страна на неговиот крал бил сметан за великодостојник и благородник, поради фактот дека многу пати ја имал спасено својата земја. Тој се здобил со слава и богатство и немало ништо што би му недостасувало. Сепак, Нееман бил лепрозен. Во тоа време, лепрата била неизлечива болест и се сметала за проклетство од Бога, па така да неговиот хероизмот и богатството не му значеле ништо. Дури и неговиот крал не можел да му помогне.

Можете ли да си го замислите срцето на Нееман, кој што си го гледал своето, некогаш здраво тело, како од ден на ден, се скапува и се распаѓа? Дури и членовите на неговото сопствено семејство се држеле понастрана од Нееман, плашејќи се дека и тие исто така можат да се заразат од болеста. Колку ли немоќно и беспомошно мора да се чувствувал Нееман?

Сепак, Бог имал добар план за Нееман, заповедникот на незнабожците. Имало една слугинка која што била заробена во Израел, а сега и служела на жената на Нееман.

## Нееман Бил Излекуван Откако Ја Послушал Својата Слугинка

Слугинката, иако била мало девојче, го знаела начинот за решавање на Неемановиот проблемот. Девојката верувала дека Јелисеј, пророк во Самарија, може да ја излекува болеста на нејзиниот господар. Таа храбро му ги пренела вестите на својот господар, за Божјата сила кој што се изразувала преку Јелисеја. Таа не премолчила за нешто толку важно, особено за нешто во кое што ја имала големата вера. Откако ги слушнал овие новости Нееман подготвил дарови, со неговата целосна искреност, и тргнал да се сретне со пророкот.

Што мислите дека му се случило на Неемана? Тој бил во потполност излекуван преку силата на Бога, кој што бил со Јелисеја. Тој дури и се исповедал, *„Еве познав, дека по целата земја нема Бог, освен во Израелот"* (2 Царства 5:15). Нееман бил излекуван не само од неговата болест, туку и проблемот во неговиот дух исто така бил разрешен.

За оваа приказна Исус зборува во Лука 4:27: *„И мнозина беа лепрозни во Израелот, за време на пророкот Елисеј, и ниеден од нив не беше очистен, освен Сириецот Нееман."* Зошто би можел само Нееман незнабожецот да биде излекуван, иако имало многу други лепрозни во Израелот? Сето тоа било така бидејќи срцето на Неемана било навистина добро и понизно, за да ги послуша советите од другите луѓе. Иако Нееман бил незнабожец, Бог го припремил патот на спасението за него, бидејќи тој бил добар човек, секогаш верен генерал на неговиот крал, добар слуга кој што го сакал својот народ толку многу, што бил спремен и доброволно да си го жртвува својот живот за нив.

Сепак, ако слугинката не му ја пренела пораката на Неемана, за силата на Јелисеја, тој тогаш би умрел без да биде излекуван и не би го примил спасението. Животот на благородниот и вреден воин, зависел од усните на малото девојче.

### Храбро Проповедајте Го Евангелието

Како во случајот со Неемана, многу луѓе околу вас очекуваат да им проговорите. Дури и во овој живот, тие страдаат од многу потешкотии и секојдневно напредуваат кон пеколот. Колку тажно би било да тие бидат вечно измачувани после толку тешкиот живот на земјата? Затоа чедата Божји мораат храбро да им го пренесуваат евангелието на таквите луѓе.

Бог ќе биде неизмерно восхитен кога, преку силата на Господа, луѓето кои што само што не умреле, ќе го примат животот, а луѓето кои што страдале, ќе станат слободни. Тој исто така ќе направи да тие просперираат и оздрават кажувајќи им, „Вие сте моите чеда кои што го обновуваат мојот дух." Уште повеќе, Бог ќе им помогне да се здобијат со верата доволно голема за да влезат во славниот град Новиот Ерусалим, каде што се наоѓа Престолот на Бога. Покрај тоа, нема ли тие исти луѓе кои што ги слушнале добрите вести и го прифатиле Исуса Христа преку вас, да ви бидат благодарни за тоа што сте го направиле за нив?

Доколку луѓето во текот на овој живот, не ја поседуваат верата доволно голема да бидат спасени, тие никогаш нема да добијат „втора шанса," штом еднаш ќе отидат во пеколот. Во текот на нивното вечно страдање и агонија, тие ќе можат само да се каат и да тагуваат засекогаш.

За да би можеле вие да го чуете евангелието и да го прифатите Господа, постоело едно неизмерливо жртвување и посветеност од страна на многубројните прататковци на верата, кои што биле убивани со меч, фрлани како плен на гладните крвожедни ѕверови, или пак го прифатиле мачеништвото заради пренесувањето на добрите вести.

Што би требало сега вие да направите, кога знаете дека сте спасени од пеколот? Вие морате да се потрудите онолку коку што е во вашата моќ, за да однесете што поголем број на души, од пеколот кон прегратките на Господа. Во 1 Коринтјани 9:16, апостолот Павле ја исповедал неговата мисија со огнено срце: *„Зашто, ако го проповедам Евангелието, нема за што да се фалам: бидејќи тоа ми е должност, и тешко мене ако не го проповедам Евангелието."*

Се надевам дека вие ќе чекорите по светот носејќи го огненото срце на Господа и дека ќе спасите многу души од вечното казнување во пеколот.

Преку оваа книга вие дознавте за вечното, ужасно и морничаво место наречено пекол. Се молам да вие ја почувствувате љубовта на Бога, кој што не сака да загуби ниту една личност, да останете будни во вашиот сопствен Христијански живот и да му го пренесете евангелието на секого кој што треба да го чуе.

Во очите на Бога, вие сте поскапоцени од сиот свет и повредни сте од сето што е во универзумот, бидејќи вие сте создадени според Неговиот образ. Затоа, вие не смеете да им станете роб на гревовите кои што му се спротивставуваат на Бога и да завршите во пеколот, туку да станете вистинско чедо Божјо кое што чекори во светлината, и дејствува и живее според вистината.

Со истиот степен на восхитеност кој што Бог го имал кога го создал Адама, Тој гледа на вас дури и денес. Тој сака да вие го достигнете вистинското срце, брзо да созреете во верата и да ја достигнете полната мерка на исполнетоста со Христа.

Се молам во името на Господа, да вие бргу го прифатите Исуса Христа и да ги примите благословите и власта, како скапоцените чеда Божји, така да можете да ја извршувате улогата на солта и на светлината во светот и да поведете голем број на луѓе кон спасението!

Автор:
# д-р Џерок Ли

Д-р Џерок Ли е роден во Муан, Покраина Јеоннам, Република Кореа, во 1943 година. Кога имал дваесет години, Д-р Ли почнал да страда од разни неизлечиви болести и седум години ја исчекувал смртта без надежта за оздравување. Еден ден во пролетта 1974 година сестра му го однела во црквата и кога клекнал долу да се помоли, Живиот Бог веднаш го излекувал од сите негови болести.

Од моментот кога Д-р Ли го запознал Живиот Бог преку тоа прекрасно искуство, тој го засакал Бога со сето негово срце и искреност, и во 1978 година бил повикан да стане слугата Божји. Тој предано се молел за да може јасно да ја разбере волјата Божја, во потполност да ја исполни и да ги почитува сите Слова Божји. Во 1982 година, ја основа Манмин Централната Црква во Сеул, Кореа и безбројните дела Божји, вклучувајќи ги чудотворните излекувања и чудесата почна да се случуваат во неговата црква.

Во 1986, Д-р Ли беше ракоположен за свештеник на Годишното Собрание на Исусовата Сунгкјул Црква во Кореа и четири години подоцна во 1990 година, неговите проповеди започнаа да се емитуваат во Австралија, Русија, Филипините и во многу други земји, преку Радиодифузното друштво на Далечниот Исток, Азиската Станица за Радиоемитување и Христијанскиот Радио Систем во Вашингтон.

Три години подоцна во 1993 година, Манмин Централната Црква беше избрана како една од „50 Надобри Цркви во Светот" од страна на магазинот *Христијански Свет* (САД), а тој се здоби со Почесен Докторат за Богословија од Колеџот Христијанска Вера во Флорида, САД и во 1996 го добива Докторатот по Свештеничката Служба од Кингсвеј Теолошката Семинарија, Ајова, САД.

Од 1993 година, Д-р Ли го презеде водството на светската мисија на многу крстоносни походи во странство, вклучувајќи ги тука Танзанија, Аргентина, Л.А., Градот Балтимор, Хаваи, Градот Њујорк во САД, Уганда, Јапонија, Пакистан, Кенија, Филипините, Хондурас, Индија, Русија, Германија, Перу, Демократска Република

Конго и Израел. Неговиот крстоносен поход во Уганда беше емитуван на Си-Ен-Ен а на Израелскиот крстоносен поход одржан во Меѓународниот Конвенциски Центар во Ерусалим, тој го прогласи Исуса Христа за Месија. Во 2002 година беше наречен „свештеникот на светот" од главните Христијански весници во Корea за неговата работа во различните Големи Обединети Крстоносни походи во странство.

Така во март 2017 година, Манмин Централната Црква има конгрегација од повеќе од 120,000 члена. Има 11,000 локални и подрачни цркви во странство на целата земјина топка вклучувајќи 56 домашни црквени филијали во поголемите градови на Кореа, а досега се воспоставени повеќе од 102 Мисии во 23 земји, вклучувајќи ги Соединетите Држави, Русија, Германија, Канада, Јапонија, Кина, Франција, Индија, Кенија, и многу други.

До денот на ова издание, Д-р Ли има напишано 106 книги, вклучувајќи ги и бестселерите *Вкусување на Вечниот Живот пред Смртта*, *Мојот Живот*, *Мојата Вера I & II*, *Пораката на Крстот*, *Мерката на Верата*, *Небеса I & II*, *Пекол*, и *Силата на Бога*. Неговите дела се преведени на повеќе од 76 јазици.

Неговите Христијански колумни се појавија во весниците *Ханкук Илбо*, *ЈоонгАнг Дејли*, *Донг-А Илбо*, *Мунхва Илбо*, *Сеул Шинмун*, *КјунгХуанг Шинмун*, *Кореја Економик Дејли*, *Кореја Хералд*, *Шиса Њуз* и *Христијан Прес*.

Д-р Ли во моментов е водач на многу мисионерски организации и здруженија: вклучувајќи го и тоа дека е Претседавач, Обединетите Свети Цркви на Исус Христос; Постојан Претседател, Здружение на Мисијата за Христијански препород во светот; Основач, Основач & Претседател на Одборот, Глобална Христијанска Мрежа (ГХМ); Основач & Претседател на Одборот, Светска Христијанска Мрежа на Доктори (СХМД); и Основач & Претседател на Одборот, Манмин Интернационалната Семинарија (МИС).

## Други моќни книги од истиот автор

### Рај I & II

Детален нацрт на прекрасната животна средина во која живеат жителите на рајот и прекрасни описи на различните нивоа на небесните царства.

### Пораката на Крстот

Моќна освестувачка порака за будење на сите луѓе кои што се духовно заспани! Во оваа книга ќе прочитате за причината зошто Исус е единствениот Спасител и за вистинската љубов на Бога.

### Седум Цркви

Писмото коешто е адресирано до Седумте Цркви на Господа, во книгата на Откровението, се однесува на сите цркви, коишто постоеле сé до денес. Тоа е еден вид на патоказ за нив, и резиме за сите Слова Божји.

### Духот, Душата И Телото I & II

Оваа книга на читателите им ја покажува пократката патека по која можат да присуствуваат во божјата природа на Бога и да ги примат сите благослови ветени од Бога.

### Мерката на Верата

Какво живеалиште, круна и награди се подготвени за вас во Рајот? Оваа книга обилува со мудрост и водство за вас да ја измерите вашата вера и да ја култивирате најдобрата и зрела вера.

---

### Разбудениот Израел

Зошто Бог внимана на Израел од почетокот на светот до денешен ден? Каков вид на Негово Провидение е подготвено за Израел во последните денови, кои што го исчекуваат Месијата?

---

### Мојот Живот, Мојата Вера I & II

Најмирисна духовна арома извлечена од животот кој што цветал со една неспоредлива љубов за Бога, во средина на темните бранови, студеното ропство и најдлабокио очај.

---

### Мокта на Бога

Четиво што мора да се прочита и што служи како основен прирачник со кој што некој може да ја стекне вистинска вера и да ја искуси прекрасната сила на Бога.

---

www.urimbooks.com

www.ingramcontent.com/pod-product-compliance
Lightning Source LLC
LaVergne TN
LVHW011945060526
838201LV00061B/4207